oix des Morts

ET LES APPARITIONS

Dieu est l'homme dans son double lui
même, lumière de la foi absolue.

HISTOIRE DE LA VOIX DU CHRIST A UN ENFANT

RÉVÉLATION SENSATIONNELLE A L'AUTEUR DE CE LIVRE

LES BONS & VRAI MÉDIUMS DE BIEN

GRAND TRAITÉ DE PSYCHOLOGIE

**Grand nombre d'Histoires fondées sur preuves, d'Apparitions
et Manifestations après la Mort**

PAR

Jean DESBORDES

Diplômé de la Croix de mérite et Médaille d'argent, Limoges 1912

————¡————

Prix : 60 centimes

LIMOGES
IMPRIMERIE-LIBRAIRIE DUCOURTIEUX ET GOUT
7, rue des Arènes, 7

—

1914

(*Tous droits de traduction réservés à l'auteur*)

La Voix des Morts

ET LES APPARITIONS

Dieu est l'homme dans son double lui même, lumière de la foi absolue.

HISTOIRE DE LA VOIX DU CHRIST A UN ENFANT

RÉVÉLATION SENSATIONNELLE A L'AUTEUR DE CE LIVRE

LES BONS & VRAI MÉDIUMS DE BIEN

GRAND TRAITÉ DE PSYCHOLOGIE

Grand nombre d'Histoires fondées sur preuves, d'Apparitions et Manifestations après la Mort

PAR

Jean DESBORDES

Diplômé de la Croix de mérite et Médaille d'argent, Limoges 1912

———╬———

Prix : 60 centimes

LIMOGES

IMPRIMERIE-LIBRAIRIE DUCOURTIEUX ET GOUT

7, rue des Arènes, 7

—

1911

Manifestations et apparitions de Mourants
à grande distance,
Double do Vivant, fantômes et matérialisation de l'âme

Grand problème résolu
des vies successives de l'au-delà

Le bien : Voix de l'Evangile et de la Justice de Dieu.

Le mal : Les apparitions Célestes, Prophéties,
Miracles, Divinations

L'avenir par le Rêve, Télépathies
et suggestion mentale

Les Médiums du Mal et le Mal développé par l'Histoire

Ce que Signale, ce que condamne l'Evangile

Pénétration puissante des forces de l'esprit
des Ténèbres

Sciences Occultes, Magnétisme, Possession,
Sorcellerie, Magie

Les Maisons hantées et lapidées

———————

Avis : Ce livre est entièrement établi et fondé sur preuves : il défie les savants et chercheurs de toute libre pensée et se compose de 240 Histoires : Nature, Merveilles, Mystères.

Sous toutes réserves, il ne sera pas fourni d'autres preuves que celles contenues dans ce livre.

AVANT-PROPOS

La durée de la vie humaine, correspond à la part que chacun accorde à la sagesse; elle est aussi un degré de l'échelle des mondes futurs, que nous devons franchir pour arriver ailleurs.

Dieu est près de nous; nous allons le connaître dans toute sa beauté et sa grandeur céleste. Ces mondes composés des générations qui ne sont plus, nous allons les voir et les toucher par l'entremise de ceux qui les ont vu et touché, et le témoignage que j'apporte moi-même, me permet de lever le voile noir qui les cache à nos yeux.

Comme une plante naissante, confiée aux soins du jardinier, tout petit enfant plein de fragilité, on entre dans la vie confié aux soins d'une mère.

Quand finira-t-elle ?

Demain peut-être, ou selon le destin dans dix, dans vingt ou quarante ans, on ne sait pas.

C'est le quatrième âge de l'existence humaine qui change d'aspect tous les dix ans. Ainsi de même la terre change tous les mille ans, car elle mourra un jour.

C'est aussi celui où l'homme a atteint le plus haut degré qu'il doit acquérir de ses connaissances, avant d'entrer vers son déclin.

Si cette intelligence est portée vers la friponnerie ou

tout autre vice, si elle s'est égarée du droit chemin, c'est un monstre moral qui sera tôt ou tard flétri par la magistrature et par la société.

Mieux vaudrait pour lui et pour ceux à qui il doit nuire, que passant par là, la mort détache de l'arbre de vie ce bouton de fleur humaine, encore si loin de ses vingt ans, avant d'être épanoui pour le mal.

Mère, sèche tes larmes, lorsque tu auras perdu ton enfant, et cesse aussi de murmurer contre Dieu. Car il est bon, il est juste; tes larmes sont des pierres qui blessent son âme pure.

Il a pris ton enfant, pour en faire un ange avant qu'il n'ait déshonoré tes cheveux blancs, car l'homme ne meurt pas, et l'enfant survit.

La Voix des Morts et leurs Apparitions

————‡————

Le Suicide et l'Avenir

Combien souffre moralement et combien sont à plaindre ces malheureux, avant de s'arracher à une vie qui leur a été si chère, dont la plupart ont pris tant de soins pour la polir, et ont tant travaillé pour espérer un jour la rendre douce ? Et hélas ! dans un instant, la joie est devenue tristesse, et l'espérance une chimère qui va être foulée aux pieds et traînée dans la fange. Des larmes de désespoir ont jailli de ses yeux. Un nuage sombre comme le deuil s'est abattu sur cet infortuné trop faible pour soutenir sa marche, à travers les montagnes, les précipices, les ronces et les épines. Sa croix est trop lourde à porter et ses pieds ensanglantés; rompu de fatigue, il ne peut plus soutenir sa marche. Son avenir est perdu, il ne voit sa délivrance que dans le néant, là tout sera fini, encore un effort suprême et il ne va plus souffrir.

Tout ce qu'il a connu dans le cours de sa malheureuse vie se résume ainsi sur un seul point venu de rien, il se fait lui-même le dieu et l'adorateur de son propre néant.

Son intelligence se borne dans l'orgueil, la vanité et l'ambition; il sera jaloux de celui qui avec les mêmes qualités s'élèvera au-dessus de lui; là sera le commencement de ses souffrances : « car si la rouille ronge le fer, la jalousie ronge le cœur ».

S'il n'a pas un penchant pour la politique qui ne lui a jamais rien appris de ce qui est utile à savoir, les affaires le conduiront sous la domination d'un autre qui sera habile à mentir, pour la fraude, le vol ou la tromperie, selon ses qualités ou sa situation, pour s'enrichir de ses dépouilles et le pousser au désespoir. Ainsi l'existence est une perpétuelle petite guerre.

Est-ce un ouvrier, si dans le cours de son voyage, il n'est pas lui-même la dupe de quelque habile fripon, il travaillera du matin au soir, comme une machine vivante pour manger son pain, il polira lui-même sa vie de son mieux et mourra sans jamais avoir connu pourquoi il est né, ni ce qu'il est sur terre, ni pourquoi il meurt.

Mais que font les lois humaines pour les malheureux désespérés : comme il est généralement toujours trop tard pour les sauver à temps, elles se déclarent impuissantes à ce sujet; tout ce qui reste en leur pouvoir, c'est d'établir leur identité et de rechercher les causes qui les ont conduit au désespoir.

Ainsi de même, sous un genre tout différent, les jeunes vauriens seront conduits devant la magistrature pour y être flétris et pour y recevoir le châtiment bien mérité de leurs actes coupables. Tout se borne là, mais au grand jamais, cette seule et immanente crainte n'a suffi pour arrêter les malfaiteurs.

Les journaux transmettent les nouvelles, afin que ces misérables soient aussi flétris par la société. Quant au suicidé, on le plaindra, ou l'on se contentera de dire en riant : « Tant pis, un de moins qui a fini ses peines », tout est dit.

Moi je dis que tour à tour, selon les circonstances ou les formes politiques qui prévalent plus ou moins sur un peuple, ces lois portent le feu et l'eau. Lorsqu'un incendie a été allumé, on s'empresse bien de l'éteindre, mais les dégâts restent. Tout cela s'accomplit le plus souvent dans un but que l'on suppose favorable à l'égard d'un peuple, mais où l'égarement à l'égard de la doctrine chrétienne sont les petites causes imprévues qui conduisent aux grands effets.

Je n'invoque point la séparation de l'Eglise et de l'Etat, ni les millions des congrégations, ceci est trop loin de nous.

Je me contente de rappeler la suppression des processions religieuses, qui, en invitant les enfants à un devoir respectueux, étaient le plus parfait code de lois de nos villes, et faisait mieux la police à ceux-ci en silence, que toute la police à grand fracas.

Je rappelle aussi la critique qui s'est élevée contre l'église aux environs de 1905 et contre les Dames de Charité, qui n'avaient pour tout défaut que d'apprendre aux enfants à respecter et honorer leur père et leur mère.

Tout à côté de la critique avait marché de front, la circulation de brochures passablement obscènes et pornographiques.

Ainsi avait été en quelque sorte allumé l'incendie qui a été plus ou moins éteint par ces mêmes lois, mais avec quel dommage pour la jeunesse, qui est restée corrompue dans le vice et la débauche.

Les jeunes enfants, tour à tour flétris de vices ou de lois, ont également voulu être des hommes avant l'âge. Après s'être déformés par leur coupable conduite, à l'heure où ils devaient être des hommes vaillants et sages, il n'est resté que des vieillards dont le tombeau s'ouvre encore chaque jour, avant d'avoir vécu.

Et après est venu le résultat des grands effets qui eurent pour suite la dépopulation, d'où en suivit la nécessité de la loi du divorce.

Si l'on veut bien peser chaque chose et en établir le juste droit pour en séparer le bien et le mal, l'on reconnaîtra de grands avantages et la vérité pleine de lumières du respect de la doctrine chrétienne.

Quant aux pauvres désespérés qui ne peuvent être soulagés par aucune loi, je me sens fort de sauver sûrement tous ceux qui auront le bonheur de lire ou d'avoir connaissance de mes ouvrages. Car ils apprendront à y cueillir la véritable lumière qui les guidera à travers les obstacles de la vie, où la plus belle victoire est celle qu'on remporte sur soi-même pour faire honneur aux siens et à sa Patrie.

Le Seigneur a dit : « Quiconque croira en moi sera sauvé, je suis le Dieu de vie ».

Mais l'homme perpétuellement trompé par des livres profanes qui favorisent ses passions, ne voit en perspective que des peuples différents à travers un grand nombre de différentes religions. Ainsi, ballotté et réduit à l'impuissance comme un navire égaré sur l'océan, l'éternité n'est comprise qu'à la façon de Jean-Jacques Rousseau ou de Renan. C'est le soleil qui est le dieu éternel, c'est lui qui fait mûrir les blés et les fruits de la vigne, tandis que la terre reste la divine et éternelle nourrice qui donne naissance à tout et absorbe tout. Ainsi après sa mort l'homme ne voit que son néant.

C'est pour cela même que nous sommes aveugles et qu'il nous faut des millions de lois humaines pour nous obliger à marcher droit, lois qui se nourrissent de crème que le peuple lui fournit de ses sueurs, et qui porte le feu des guerres et des révolutions. Et toujours comme l'eau pour l'éteindre, s'il y a des dégâts, cela incombe à tout le monde en particulier, chacun reste ignoré.

Tout ceci se passe comme une sorte de suggestion mentale parmi les peuples, mais analogue en son genre à la pluie, l'orage et le beau temps.

Le Christ nous a enseigné la paix. Mais nous sommes tenus de le connaître, de croire en lui et de le servir, c'est pour le faire connaître et pour prouver la beauté de sa doctrine; c'est pour faire respecter l'évangile que j'ai écrit et développé sa lumière.

L'homme est né libre de ses actes; mais il est possesseur d'une conscience et d'un esprit capable de distinguer le bien d'entre le mal, il en résulte que l'exagération d'un besoin ou d'un sentiment, devient excès et non un besoin. Tout excès devient un mal lorsqu'il a pour conséquence le mal.

Toute passion qui rapproche l'homme de la nature animale, l'éloigne de la nature spirituelle.

Tout sentiment qui élève l'homme au dessus de la nature animale annonce la prédominance de l'esprit sur la matière naturelle et le rapproche de la perfection. Il est donc permis à l'homme de vaincre ses mauvais penchants par ses efforts ? Mais combien peu ont recours à leurs efforts ?... Ce qui manque à la faiblesse de l'homme, c'est d'être parfaitement assuré qu'il y a un Dieu éternel juste et bon, et qu'il a une âme immortelle qui survivra à la chair.

Si l'homme ne veut point être flétri par les lois humaines, ni condamné par l'opinion publique, qu'il vive dans la crainte de Dieu et la sagesse, qu'il se fasse une loi et la loi ne lui sera point faite.

Seule la sagesse est capable d'élever un grand peuple à la perfection et aux honneurs, elle peut un jour, bien proche peut-être, éclairer et animer les grands penseurs du monde et les soumettre d'un commun accord aux avantages de la grande paix universelle, après qu'elle aura conduit les méchants dans la bonne voie et supprimé le brigandage, la fraude et les passions coupables.

Elle détruira l'armée, la poudre, les fusils et les canons.

La sagesse revêtira les hommes de bonnes pensées, elle plantera l'arbre dans les chaumes, les terrains incultes seront cultivés, le gibier, et les animaux utiles seront multipliés, et le peuple jouira du bonheur et de l'abondance.

Mais même au sein de cette grande perfection il y aura toujours des riches et des pauvres, il y aura toujours sous de nouvelles formes des places lucratives et des gouvernements; et malgré ces améliorations, les sujets souffriront toujours de leurs imperfections.

Les vrais médiums de bien

Mme Noeggerath

« C'est à ses fruits que l'on reconnaît l'arbre », a dit le Seigneur, « tout arbre bon ne peut porter de mauvais fruits, et tout arbre mauvais ne peut en porter de bons ».

Les médiums sont les parfaits révélateurs des mystères de l'Au-delà, ils sont aussi les intermédiaires entre les esprits et les hommes.

Voici ce que dit un reporter d'un grand journal à la date du 23 mars 1908 après une visite auprès de Mme Noeggerath qui était alors considérée comme la doyenne des spirites de l'époque, et occupait un modeste appartement, rue Milton à Paris.

« La mort n'existe pas, tout n'est qu'évolution vers la lumière et la liberté », disait Mme Noeggerath âgée de 87 années, d'une voix couverte, qui parfois, s'exaltait jusqu'aux intonations de prières à des choses merveilleuses.

Et c'est sa vie toute entière suspendue aux mystères de l'Au-delà qu'elle dévoilait là, comme elle le fit tant de fois pour consoler ceux qui souffrent ou désespèrent, après être tombés dans quelques uns de ces innombrables pièges que tend sans cesse le libertinage et la vie coupable. Car dans son simple logis, des douleurs sanglotantes venaient chaque jours implorer les consolations de ses sages conseils.

Mme Noeggerath, avait avec une certitude troublante dans les espaces interplanétaires, et nul doute ne saurait l'effleurer.

« Oui répétait-elle, la nature tend irrésistiblement à se libérer de l'obscurité pour se transformer dans la lumière, voyez la graine qui s'évade des ténèbres de l'humus.

» Voyez la chenille dont l'existence venimeuse offense la vue avec crainte et horreur, comme la noire conscience des grands coupables du monde.

» Elle va prendre les ailes brillantes de l'innocente et pure beauté et charmera autant les regards comme papillon, que lorsqu'elle était l'horreur comme chenille.

» Ainsi sous une beauté sans limites se transforme l'âme d'un mourant converti, qui s'envole toute pure vers l'immensité des cieux, son séjour éternel.

» Voyez l'oiseau qui brise son œuf pour bientôt monter dans l'azur.

» Sur terre il en est de même pour l'homme en ses vies successives. Il monte plus ou moins vite vers une humanité plus haute et plus sage, et surtout moins matérielle, vers les planètes supérieures.

» Les hommes de notre planète sont encore fort inférieurs. Ils n'ont trouvé leur expression supérieure qu'au point qu'ils comprendront la grande sagesse et les enseignements de Jésus-Christ; le fils de Dieu, né d'une vierge qui est notre modèle en toutes choses parce qu'il a atteint le plus haut degré de perfection et de la dématérialisation, permettant d'élever l'homme vers le bien-être malgré sa faible nature corporelle.

» Assurément notre planète a eu un commencement et l'homme primitif a dû exister dans un rayonnement de bonté et d'amour, où il s'est séparé de lui-même en oubliant son créateur pour devenir pécheur. C'est par la mort et sous la figure du Christ qu'il doit revenir d'où il est sorti.

» Oui assurément il existe des êtres plus parfaits qui sont en possession de l'indulgence perpétuelle et qui sont les bons anges et les âmes justes envolées des dépouilles de la mort de notre corps matériel. L'homme ici-bas est quelques fois favorisé d'un reflet de médiummité et de miracle lui permettant de communiquer avec ses êtres-esprits de l'Au-delà et de comprendre sa dématérialisation qui sort directement visible, pure et parfaite dans les enseignements et la vie du Christ».

Mᵐᵉ Noeggerath s'exprimait avec la certitude de cette connaissance qui établit la foi d'une façon absolue.

Un sourire de bonté plissa le visage de la vieille dame, comme pour annoncer qu'elle allait satisfaire son interlocuteur qui se plaisait d'écouter ses curieuses démonstrations.

« Il y a quarante ans, répondit-elle je commençais à être touchée par la révélation. Des expériences de « matérialisation » faite avec quelques amis dans des conditions de garantie parfaite commencèrent à m'intéresser. Et depuis, j'ai eu des preuves, des preuves indiscutables. Mon grand initiateur fut un esprit qui se révéla sous le nom de Jean. Cent fois grâce à l'intermédiaire d'un « Médium » il s'est partiellement matérialisé devant moi, il m'a tendu une gaze dont j'ai découpé des morceaux. Il m'a serré la main, il m'a même en une langue admirable, révélé ce qu'il pouvait de la vie lumineuse et pure des esprits.

» Une fois je fus avertie de la mort d'une amie, à plusieurs reprises j'ai vu des objets traverser une table en chêne. Les exemples sont tellement nombreux que je ne puis ici les citer.

» Certains de mes amis m'ont parfois supplié de faire des concessions, de ne point affirmer ma foi intégrale. Je ne le puis, devant la science, devant les hommes; j'affirme que nous sommes en communion directe avec ceux que nous appelons les défunts, j'affirme que nous ne sommes qu'un instant sur cette terre de souffrance où l'homme aggrave ses peines par sa propre méchanceté. J'affirme qu'il y a une vie meilleure et éternelle pour les bons, qui s'épanouit dans une lumière plus pure que celle d'ici-bas, qui n'est autre que des âmes envolées des dépouilles de la mort de notre corps matériel, je l'affirmerais devant le bûcher. Oui il me serait impossible de contredire et de nier ce que j'ai vu et ce qui m'a touché, puis avec un joli sourire, elle me tendit la main en signe d'adieu, dit le reporter satisfait, et je pris congé d'elle ».

Ainsi les premiers chrétiens affirmaient leur foi devant le bûcher ardent et les tortures les plus horribles, de même devrait-il m'en coûter la vie, j'affirme avoir entendu la voix du Christ, d'avoir été favorisé de révélations célestes, et de manifestations après leur mort, des vivants que j'ai connus et qui ont leur place dans mes histoires.

Phénomène Nº 1

M. Stead

A. — *Un message de l'Au-delà, sur la crise des Balkans, par Catherine II la grande impératrice de toutes les Russies, morte en 1696. A M. Stead, grand médium anglais qui affirme que la mort ne tue que le corps, et au contraire libère l'âme, et lui rend son indépendance dans le royaume de la seconde vie.*

C'est en 1908 que M. Stead grand penseur des merveilles de l'Au-delà, eut l'idée de créer à Mawbray House, son « bureau de Julia », où il reçoit les visites des intéressés, qui veulent par son intermédiaire, rentrer en communication avec les âmes de leurs chers défunts. Il avoue lui même que les résultats ainsi obtenus ont dépassé ses espérances, et que environ la moitié de ses visiteurs se retirent satisfaits. Plusieurs fois même, les invoqués apparaissent, semblent se matérialiser et font entendre leurs voix.

C'est ainsi du moins, au commencement de 1909, que Catherine II lui apparut pour lui faire la révélation que voici, au sujet des Balkans.

« Quel immense océan courroucé il me semble voir, quand

je contemple l'eau comme un grand aigle de mer qui plane dans les cieux, parcourant d'un œil avide de tumulte confus, des remous parmi lesquels empereurs, rois et ministres sont ballottés ! Mais au milieu de la tempête, l'étoile polaire demeure inébranlable, la boussole marque le nord. L'étoile polaire, c'est la volonté de Dieu, la boussole, c'est l'espoir jailli du cœur de l'homme ».

Voici le texte prophétique venu de chez les morts et se rattachant au peuple des Balkans, par la voix de Catherine II.

— « Un peuple va naître, en Orient, dans la région située entre Salonique et la Silésie, français, allemands, anglais sont des peuple adultes qui grandiront encore, mais dont l'avenir est déterminé par le passé. C'est dans la matrice de l'Autriche que le destin a placé l'inconnu de demain ».

Cette prophétie semble lentement se préciser, car il faut au destin le temps de récompenser la vaillance, jusqu'à ce que les peuples aient trouvé le bonheur de la vie, en frères, dans le vaste champ de la paix.

Le jour où les peuples connaîtront Dieu et sa loi, se réduiront les grands travaux gouvernementaux, les grands penseurs seront mieux inspirés pour les biens des nations, et les fruits de la terre, le commerce, se développeront sur une plus large échelle.

PHÉNOMÈNE N° 2

B. — *Manifestation de Lefebvre (décédé le 7 septembre 1909)*

Mais voici un autre message qui s'adresse à M. Bolotoff.

C'était dans la matinée du jeudi 16 septembre 1909, rapporte M. Stead. Le jour précédent, j'avais promis à la princesse Wiassemsky de l'accompagner à Mourmelon-le-Grand, près de Châlons, pour assister à des essais d'aéroplanes, auxquels son fils devait procéder le lundi suivant. Après avoir reçu deux brefs messages de Julia, le clairvoyant dit :

« J'entends une autre voix qui parle ». Je cite maintenant les notes suivantes prises sur le carnet de son secrétaire.

— Si vous allez à Châlons, je vais avec vous.

M. W. T. Stead. — Qui est-ce qui parle ?

Le clairvoyant — Je suis mort depuis quelque temps, mon nom est Lefebvre ».

Aussi étrange que cela paraisse, dit M. Stead, ce nom n'évoquait en moi aucun souvenir, j'étais à l'étranger, lorsque Lefebvre se tua et je pensais que ce pouvait être quelqu'un mort depuis longtemps.

Aucun membre du cercle ne reconnut le nom.

M. Stead reprit son entretien avec la voix étrangère : « Connaissez-vous l'aéroplane de Bolotoff ?

— Oui, reprit l'interlocuteur, dites à ce jeune homme de ne pas être trop téméraire, car il est très probable que son moteur ne va marcher normalement, je ne pense pas qu'il y aura ce que vous appelez un accident mais qu'il vérifie soigneusement son moteur. Modérez son impétuosité, vous-même ne montez pas, il me faut aller là-bas avec vous, car je désire écrire ensuite sur ce sujet par votre intermédiaire.

M. Stead. — Bolotoff, vous connaît-il ?

— Non, je l'ai rencontré.

M. Stead. — Que faisiez-vous de votre vivant.

— J'étais mécanicien.

M. Stead. — Qui est-ce qui a causé votre chute.

— Je n'ai pas eu le temps de penser, on n'a guère le temps de réfléchir lorsqu'on est précipité en bas.

M. Stead. — Dans votre chute si inattendue, avez-vous conservé votre sang-froid ?

— Voici ce que j'ai ressenti : j'eus conscience que je tombais, mais avant de toucher la terre, j'avais perdu connaissance. Je ne ressentis aucune douleur, ni aucune sensation dans mon corps physique. Il me sembla que mon esprit n'était pas désagréable. Je me rendis compte aussi qu'un être très puissant et qui me calmait était auprès de moi. La conversation prit fin.

M. Stead le médium, téléphonait à M. Bolotoff, l'avertissement qu'il avait eu à propos de son moteur, qui venait d'un esprit disant s'appeler Lefebvre. M. Bolotoff répondit qu'il se tiendrait sur ses gardes.

Le lundi 20 septembre, M. Stead se rendit comme il l'avait promis en compagnie, à Mourmelon. Avant les essais, le moteur de M. Bolotoff fut soigneusement vérifié, il paraissait très bien fonctionner. Aucune personne au courant des aéroplanes ne pensait que ce moteur put causer des ennuis. C'était un Panhard à quatre cylindres. Il avait subi tant d'épreuves et avait été essayé si souvent, qu'il semblait impossible qu'il vint à manquer.

A six heures, lorsque M. Bolotoff monta sur son siège, il fut impossible de faire partir la machine, quelque chose ne fonctionnait pas, la manivelle de mise en marche se brisa et à notre grand regret, dit M. Stead, les essais dûrent être abandonnés.

Je laisse à d'autres, dit M. Stead, le soin d'expliquer le phénomène, quant à moi, je me porte garant de l'exactitude absolue du récit que l'on vient de lire, exactitude que confirme d'ailleurs le compte-rendu sténographique, ainsi que les déclarations de quatre ou cinq personnes qui entendirent cet avertissement.   (W. T. STEAD).

PHÉNOMÈNE N° 3

Cher lecteur, c'est à peine si nous avons commencé ce qui touche au merveilleux et j'espère vous intéresser de plus en plus en avançant dans mes ouvrages, et vous faire connaître toutes les variétés existantes prouvées et contrôlées, des mystères de l'au-delà, qui seront utiles aux hommes de connaître les vérités d'autant plus utiles, qu'elles sont pour la plupart ignorées par ceux-là même que vous considérez vos vénérés savants.

Je commence par vous faire connaître les médiums du bien pour en séparer entièrement les médiums du mal, que je repousse jusqu'à la fin de mes ouvrages. Je veux en effet, que vous soyez enfants de Dieu dans la pratique de la vertu chrétienne. Ainsi vous serez obéissants aux lois humaines, mais bien supérieurs à celles-ci, car vous serez éclairés de la véritable lumière, et même de votre destinée dans la vie future.

Après que vous aurez acquis la connaissance de mes ouvrages, j'ose ouvertement espérer, que les ergoteurs, les rongeurs de vérité, les gratteurs de textes, les élucubrateurs de tous poils, les roublards, les phraseurs, et même les fondeurs de théories, n'auront aucun pouvoir sur vos actes, car de votre mieux, pour votre honneur et celui de la France, vous suivrez la droite ligne du Seigneur.

Et si vous n'êtes pas satisfaits de ce que j'avance, prenez l'histoire en main depuis Jules César jusqu'à nos jours. Consultez tous les philosophes et tous les manipulateurs de théories matérielles, ils n'ont éclairé les peuples qu'avec des torches fumeuses.

C'est en bernant le monde qu'ils ont amassé la fortune et n'ont jamais entre eux trouvé d'accord.

Histoire de Mlle Hélène Smith

Cette histoire est une des plus curieuses qu'il soit possible de signaler chez les médiums. Elle a été recueillie d'un grand journal et datée du 16 mai 1910.

Il y a en ce moment à cette date à Genève, dit le journal, au troisième étage d'une maison de faubourg entourée de jardins, une jeune femme vers laquelle tournent avec une curiosité ardente tous les amis du merveilleux.

Ce ne sont pas seulement les professeurs de psychologie, les spirites, les experts en sciences psychiques, des prêtres et des pasteurs de toutes les églises qui sollicitent une audience de Mlle C. M... (elle ne veut être connue de la science et de ses visiteurs que sous le nom d'Hélène Smith), mais des pèlerins venus des quatre coins du monde. Ils quittent la grande route de leur voyage et font un détour pour frapper à sa porte.

Mlle Hélène Smith est brusquement devenue l'héroïne de manifestations qui n'ont pas d'équivalent dans les annales de la médiumnité. Au cours d'une suite de visions, la figure du Christ lui est apparue, en même temps, elle recevait de ce visiteur divin l'ordre impérieux de dresser un chevalet et de peindre son image.

La jeune femme protestait en vain :

— Seigneur, comment m'y prendrai-je ? C'est tout juste

si, à l'école, j'ai appris à tenir un crayon, et si depuis j'ai barbouillé une ombre de paysage ?

L'apparition et la voix ont imposé leur volonté. Les suites de l'obéissance de Mlle Hélène Smith ont été la production de quatre toiles : une tête de Christ, un portrait de la Vierge, un Jésus grandeur naturelle, dans le jardin de Gethsemani, un autre Christ également de grandeur naturelle représenté sur la croix. Le médium affirme avoir exécuté ces peintures en quelques heures, dans l'inspiration d'un sommeil inconscient. Elle applique la peinture avec ses doigts sur le panneau où tout en travaillant, elle mêle ses couleurs. C'est pour venir contempler ces extraordinaires images que spirites, occultistes, ecclésiastiques, étudiants en théologie, affamés de miracles, sceptiques et croyants se sont mis en branle. Et on peut assurer que la procession n'a pas fini de se dérouler.

Voici ce que dit le reporter du journal *Le Matin* en rapport à la date ci-dessus.

« Je suis venu ces jours-ci frapper à la porte de Mlle Hélène Smith, je lui étais annoncé par une amie qui l'avait rassurée sur mon compte. Nous sommes restés cinq heures en tête-à-tête et dans la contemplation des mystiques peintures dont les murs de son salon sont recouverts, ce sont les impressions de cette visite que j'apporte ici, sans prendre parti....

» Et d'abord, il faut confesser que si l'on n'était point averti des facultés si exceptionnelles de Mlle Smith, on ne les soupçonnerait à aucun indice. Il est impossible d'être plus loyale, plus franche, plus éclatante de force et de belle santé.

» Son désintéressement (elle n'a jamais rien accepté de personne et encore aujourd'hui elle ne reçoit de ses visiteurs aucune rénumération pour ce qu'elle a donné d'elle-même), égale sa bienfaisance. Elle travaille cependant pour vivre. Ceux qui usent de ses services l'estiment comme une femme de tête, à qui l'on peut confier des responsabilités. Au cours de ma longue visite, nous avons abordé toutes sorte de sujets. Elle parlait librement, clairement, avec un bon sens et un esprit qui ne sont point chose commune.

A peine ai-je noté l'extraordinaire variabilité de son expression ; elle modifie à ce point le dessin de ses traits que sa large figure, éclairée de beaux yeux noirs, très écartés du nez, apparaît tour à tour, selon les impressions qui passent, un simple visage bien modelé ou une face vraiment inspirée d'où la beauté rayonne.

» Je passe sur les appels de voix et sur les apparitions qui traversèrent l'enfance de M¹¹ᵉ Smith, j'arrive à la curiosité particulière qui m'amenait chez elle, au mode de production et à l'apparence des tableaux qu'elle peint inconsciemment, à ce qu'elle affirme, et pendant ses transes.

» Le phénomène se produit toujours de la même façon, et à la même minute, entre sept et huit heures du matin.

Au milieu de sa chambre, qui se fait obscure, M¹¹ᵉ Smith aperçoit un foyer lumineux. Ce globe de feu éclate, et le Christ apparaît, il parle, il ordonne à la voyante de lui obéir. Elle vient donc se placer devant le panneau de bois sur lequel elle reçoit l'ordre de fixer les traits divins, et qui est là, disposé sur un chevalet, avec les couleurs toutes préparées, pour le cas où la vision viendrait à se produire. Alors le Christ passe derrière la planche à peindre, et comme si cette substance se faisait transparente à la façon d'une glace, la sainte effigie affleure sous les doigts du médium. Presque aussitôt des nuages obscurcissent la vision, dont un petit coin seulement (par exemple un œil) demeure clair. C'est la minute où le médium s'endort et obéit, impulsivement, sans qu'elle garde une conscience ultérieure de ses actes, à l'injonction de peindre.

« Pour les peintures elles-mêmes auxquelles s'est ajouté maintenant un portrait de Cagliostro et la préparation d'un grand panneau à qui la voix divine a déjà donné ce titre : « Jésus à Emmaüs » voici en toute sincérité, les impressions que j'ai reçues.

» Je constate d'abord que d'une toile à l'autre, les progrès du médium sont surprenants. C'est à ce point que la supercherie, à laquelle certains esprits chagrins pensent toujours, expliquerait beaucoup moins facilement que l'inspiration de ce talent de peindre. Certes en se plaçant au point de vue que M¹¹ᵉ Smith propose pour expliquer ce phénomène, on s'étonne que le choix d'un style byzantino-égyptiaque, aux canons implacablement réguliers, ait été imposé au médium par une intervention divine. Mais on conçoit encore moins aisément qu'elle se soit si promptement affranchie de cette contrainte, pour figurer, dans une atmosphère de mysticité qui a un charme émouvant, des réalités anatomiques si exactes, des détails de vie et de paysage dont elle n'a sous les yeux aucun modèle.

» Je précise ici quelques-uns des objets de ma surprise. Le collier de perles bleues que Mlle Smith a mis au cou de sa vierge et qui scandalise si fort des personnes puritaines, je l'ai vu au cou de toutes les jeunes femmes abyssines, dont les grand'mères furent converties au christianisme vers le troisième siècle de notre ère. De même, ai-je soigné dans mes routes d'Afrique, beaucoup de pieds blessés de soldats. Ce n'est pas seulement le pied de l'homme qui marche sans souliers ou avec des sandales, ce sont ses ongles qui subissent une déformation particulière. Sous le choc incessant des pierres, ils cessent d'être oblongs comme les nôtres. Ils deviennent absolument ronds, j'ai retrouvé ce détail précisé avec une réalité saisissante dans les pieds du Crucifié de Mlle Smith. J'en pourrais dire autant des mains trouées, des parties du corps que soutient une corde, mais je suppose que l'on s'attend surtout à ce que je précise l'impression d'ensemble que j'ai reçu de ces compositions, de leur impression, de leur style.

» Mlle Hélène Smith ne sait rien de ce qui s'apprend. Elle a l'intuition, et certainement par grâce supérieure, tous les dons qui ne s'acquièrent pas. Cela va de la netteté hardie du dessin à la beauté lumineuse de la pâte, en passant par la divination des lois de la composition.

Puvis de Chavannes aurait été bien ému devant ces figures, et Cazin bien touché par ces paysages. Ceux qui veulent que le Christ soit un homme prendront plaisir à le voir ainsi matérialisé. Ceux qui veulent qu'il soit une personne divine ne douteront pas qu'aussi bien qu'une sainte Thérèse, Mlle Hélène Smith n'ait été favorisée de quelque vision.

» On comprend que je ne choisisse pas entre les uns et les

autres et que je me contente de rappeler ici cette sage parole
de Charles Richet : « Il n'y a plus, pour nous autres gens
d'aujourd'hui, de choses naturelles et de choses surnatu-
relles, il n'y a que le connu et l'inconnu ».   (H. L. R...)

Impressions du grand penseur Léon Tolstoï sur le rêve se rapportant à l'Au-delà

*Comme j'ai à exposer dans mes ouvrages un grand nombre
de phénomènes se rattachant à la réalité des rêves, il est
intéressant de connaître la pensée de ce savant.*

Nous vivons en rêves presque avec la même intensité
qu'en réalité.

Pascal dit : « Je crois que si nous pouvions nous voir en
rêve constamment dans la même position, tandis qu'elle
diversifierait dans la vie réelle, nous considérerions le rêve
comme la réalité, et la réalité comme un rêve ».

Ce n'est pas tout à fait exact.

La réalité se distingue du rêve parce qu'elle est plus
vraie. Je dirai donc autrement : si nous n'avions pas connu
une vie plus réelle que le rêve, nous considérerions le rêve
comme la vraie vie et nous n'aurions jamais douté qu'il ne
fut plus la vie vraie.

Toute notre vie, depuis la naissance jusqu'à la mort,
n'est-elle pas avec tous ses rêves également un rêve que nous
prenons pour la réalité ? Ne sommes-nous pas certains
de sa réalité, uniquement parce que nous ne connaissons
pas une autre vie qui soit plus réelle ? Non seulement je le
pense, mais je suis convaincu que c'est la seule raison de
cette certitude.

De même que les rêves de notre vie terrestre constituent
un état pendant lequel nous vivons d'impressions, de senti-
ments, de pensées, appartenant à notre vie antérieure et
faisons provision de forces pour le réveil, pour les jours à
venir, toute notre vie actuelle constitue un état pendant
lequel nous vivons sous une sorte d'incarnation de l'âme
vers les vies successives, ou de la vie antérieure plus réelle,
et faisons provision de forces pour la vie future, plus réelle
et dont nous sommes sortis.

De même que nous vivons des milliers de rêves pendant notre vie terrestre, celle-ci est l'une des milliers de vies dans lesquelles nous entrons en sortant de l'autre vie, plus réelle, plus authentique et à laquelle nous revenons après notre mort.

Notre vie terrestre est l'un des rêves d'une autre vie, plus réelle, et ainsi de suite jusqu'à l'infini, jusqu'à la dernière vie, qui est la vie de Dieu.

La naissance et l'apparition des premières notions sur le monde peuvent être considérées comme le commencement du sommeil; toute la vie terrestre, comme le sommeil complet ; la mort comme le réveil.

La mort prématurée, c'est lorsque l'homme est réveillé avant d'avoir dormi tout son sommeil.

La mort dans la vieillesse, c'est lorsque l'homme à bien dormi et qu'il s'est réveillé de lui-même.

Le suicide, c'est un cauchemar qu'on fait évanouir en se souvenant qu'on dort; on fait un effort et on se réveille.

L'homme qui est tout absorbé par la vie présente, qui n'a pas le pressentiment d'une autre vie, c'est celui qui dort profondément.

Le sommeil profond sans rêves est comparable à l'état de demi-bestialité.

Le dormeur qui sent pendant le sommeil ce qui se passe autour de lui, qui a le sommeil léger et qui est prêt à se réveiller à tout instant, c'est celui qui a conscience, quoique vaguement de la vie dont il est sorti et à laquelle il est en train de revenir.

Pendant le sommeil, l'homme est toujours égoïste, vit solitaire, sans participer à la vie de ses semblables, sans aucun lien avec eux.

Dans la vie que nous considérons comme réelle, notre lien avec nos semblables est déjà plus grand : il y existe une apparence de l'amour du prochain.

Dans la vie dont nous sortons, et à laquelle nous retournons ce lien est plus étroit ; l'amour du prochain n'est plus une simple aspiration, mais une réalité.

Dans la vie pour laquelle celle dont je viens de parler

n'est qu'une préparation, le lien entre tous est plus étroit et l'amour de tous plus grand encore.

Cette fois, dans ce rêve, nous sentons déjà tout ce qui se réalisera peut-être dans la nouvelle vie.

La forme corporelle dans laquelle nous surprend ici-bas le réveil de notre conscience de la vraie vie, apparaît comme la limite au libre développement de notre esprit.

La matière est la limite de l'esprit. La vraie vie commence lorsque cette limite est abolie.

Cette notion renferme toute la connaissance de la vérité, et qui donne à l'homme la conscience de la vie éternelle. Je ne m'amuse pas à imaginer une théorie. Je crois de toute mon âme en ce que je dis. Je sens, je sais avec certitude qu'en mourant je serai heureux, que j'entrerai dans un monde plus réel.   (Léon TOLSTOI).

Rêve de l'Avenir

PHÉNOMÈNE N° 1

Si je crois m'adresser ici à quelques lecteurs limousins, chacun se rappelle de l'Exposition d'Alimentation et d'Hygiène, avec section de Beaux-Arts, qui eut lieu au mois d'avril 1912, place Jourdan, et pour mieux m'expliquer, dans le local de l'ancien *Petit Centre*.

C'est dans la section des Beaux-Arts que je participais à l'Exposition et que pour moi seul j'occupais un appartement au deuxième étage, entièrement composé de mes travaux, et qui comprenaient huit inventions et autres objets d'art métallurgique, quatorze tableaux peints à l'huile sur toile, encadrements sculptés sur bois, dessins et portraits au fusain, deux douzaines de photographies chromos et autres, ainsi que quelques autres objets d'art, et de curiosités se rattachant à mes travaux.

En dehors d'une médaille de bronze que j'avais déjà acquise dans un cours de dessin à Angoulême, il me fut délivré à cette date deux diplômes : l'un certifiant la Croix de Mérite et l'autre, une médaille d'argent, comme récompense de la part que j'avais prise à l'Exposition.

C'est là où je veux en venir pour parler des phénomènes, des rêves. Bien longtemps avant qu'il fut question de la dite exposition à Limoges, je veux parler environ de cinq à six mois à l'avance, ou du moins pour mon propre compte, je l'ignorais totalement. J'en avais fait si peu de cas que je n'avais même pas pris la date. Je fus tout étonné pendant le cours de l'Exposition, de voir une figure que je ne connaissais point, que je n'avais jamais vu, elle ressemblait exactement à celle de M. Rousseau, commissaire de l'Exposition que j'avais vu, en rêve, me donner mes récompenses, tel que de ses mains il me les donna tout naturellement plus tard, mais j'ajoute que dans mon rêve il ne s'agissait pas d'exposition, et que j'ignorais totalement sous quelle forme je me trouvais porté à mériter lesdites récompenses.

Phénomène N° 2

A la même époque, une personne de mes amis se trouvait malade à l'hôpital de Limoges. Une nuit, cette même personne fit un rêve où elle avait vu que je m'étais accidentellement fait beaucoup de mal à la tête. Elle en fut si frappée que je reçus deux mots de sa main me demandant d'aller la voir, et mon état de santé.

Je lui fis dire aussitôt par une autre personne, que je me portais bien et que comme l'Exposition touchait bientôt à sa fin, je n'irais à l'hôpital à son intention que dans quelques jours.

Le lendemain de la lettre, je reçus accidentellement un si terrible coup à la tête que le sang me sortait à flots et si je ne m'étais pas à cet instant trouvé un pansement spécial antiseptique, le coup malencontreux que j'avais reçu aurait pu avoir dans la suite de graves conséquences.

Phénomène N° 3

Voici maintenant un troisième effet de rêve qui me concerne. Au mois de mars 1906, je suis entré à l'usine à gaz de Limoges comme ouvrier serrurier.

En rapprochement de cette date, j'y avais été à l'avance

plusieurs fois travailler au compte du patron qui m'occupait ; je n'avais jamais songé à un rêve que j'avais fait une nuit à une époque qui s'éloignait pour le moins de huit ans et qui remontait aux environs de 1898.

J'avais rêvé que je travaillais en qualité d'ouvrier de l'usine. J'en avais vu toutes les dispositions, que je ne connaissais nullement à l'époque, car je n'y étais jamais entré. Je le répète ce souvenir oublié ne me vint à la mémoire que lorsque j'y fus pour le compte de la Compagnie.

(DESBORDES).

PHÉNOMÈNE Nᵒ 4

A la Charité-sur-Loire, petite ville du département de la Nièvre, une belle jeune fille dont le père était boulanger, avait plusieurs prétendants, parmi lesquels l'un d'eux avait une fortune assez élevée pour être choisi des parents. Ce dernier ne plaisait pas à Mⁱˡᵉ Angèle Robin qui faisait de constants refus à toutes les instances de sa famille.

Enfin un jour poussée à bout, elle déclara catégoriquement à ses parents que si elle était de trop auprès d'eux elle s'en irait de la maison. Avant de prendre cette décision que les parents n'auraient certainement point acceptée, elle sortit et se dirigea vers l'église de la paroisse et adressa une fervente prière à la Sainte-Vierge lui demandant de lui venir en aide dans son embarras. La nuit suivante, elle vit en rêve un jeune homme en costume de voyageur. Il portait un grand chapeau de paille et des lunettes. A son réveil elle renouvela sa décision à ses parents qu'elle déclara définitivement prise.

Ces derniers n'avancèrent plus un mot dès lors à ce sujet. L'été suivant, le jeune Émile de la Bédollière, se trouva entraîné par un de ses amis, Eugène L... étudiant en droit, à faire un voyage dans le centre de la France. Ils passèrent par la petite ville de la Charité, et lorsque vint le soir il se trouvèrent à un bal par souscription. La jeune fille se trouvait à ce bal, elle remarqua le jeune homme tel qu'elle l'avait vu dans son rêve, ses joues se colorent d'un rouge incarnat, à cet instant le voyageur la remarque l'admire et l'aime aussitôt, il lui demanda plusieurs valses et la con-

naissance fut faite si bien que quelques mois après ils
furent mariés. C'était la première fois que ce dernier passait dans cette ville.

PHÉNOMÈNE N° 5

On pourrait faire des volumes sur les avertissements par
le rêve et les grands du monde surtout, ainsi que de nombreux savants, en ont été particulièrement favorisés à
travers tous les temps.

Je soutiens avec Tolstoï, ou plutôt j'ajoute que le corps,
pendant le sommeil, représente notre corps dans son
cercueil, tel qu'il y reposera un jour. nous ne nous sentons
point en effet, ou plutôt, à ce moment, nous ne vivons
point, seule la respiration inconsciente soutient la vie
pour nous faire en quelque sorte renaître chaque matin,
comme se réveille la nature chaque printemps.

Dans notre songe, nous existons sous ce deuxième nous-
même qui est la vie de l'âme. Nous sommes sous une autre
nature spirituelle, nous voyons sous d'autres yeux qui
sont ceux de l'esprit, avec cette différence, que ce qui
est l'image deviendra un jour réalité, en passant par la
porte de la mort.

Dans notre rêve nous voyons le passé, le présent et
l'avenir. Le rêve est enfin possesseur d'un grand nombre
de distinctions, et fait partie de la psychologie, car nos
chers défunts nous apparaissent et conversent avec nous.

A. — *Voici un récit très ancien de Plutarque*

Simonide, ayant rencontré sur son chemin le cadavre
d'un homme qui lui était inconnu, procéda à son ensève-
lissement. La nuit suivante. il vit cet homme en rêve qui
pour le remercier de son acte de charité le pressa, et le
supplia même de ne pas partir en voyage, d'abandonner
son projet sans quoi il aurait à s'en repentir.

Simonide qui devait s'embarquer le lendemain, tint
compte de cet avertissement, heureusement pour lui,
car le bateau qui devait l'emporter fit naufrage.

B. — *Un autre récit tiré de l'histoire Romaine*

Calpurnia, femme de César, rêva que son époux avait été mortellement blessé par des ambitieux qui en voulaient à sa vie, elle le pressa de ne pas se rendre au Sénat, l'on en était au matin du rêve. Celui-ci ébranlé par cet étrange avertissement, parut un instant céder, mais ses habiles conseillers eurent bientôt raison de lui, car pour eux, ce n'était qu'un rêve, par conséquent une sotte superstition qui ne ferait qu'abaisser Sa Majesté en y obéissant. César se laissa enfin gagner, il se rendit au Sénat pour tomber dans le guet-apens que Brutus lui avait préparé, et il fut percé de vingt-huit coups de poignard.

C. — *Récit tiré de l'Histoire de France*

Henri IV eut de nombreux présages. Peu de jours avant sa mort prématurée, Marie de Médicis rêva que les diamants et pierreries de la couronne se changeaient en perles (que les interprètes des songes prennent pour des larmes). Une nuit surtout l'avait particulièrement frappée. Elle s'éveille en sursaut, fort inquiète de ce qu'elle vient de rêver. Au roi qui l'interroge, elle dit :

— « Je songeai qu'on vous donnait un coup de couteau sur le petit degré du Louvre !

— Dieu soit loué ! riposta Henri, heureusement que ce n'est qu'un songe ». Il n'eut pas le temps de l'oublier et l'anarchiste Ravaillac lui porta le coup fatal. D'après un historien, depuis le commencement de l'année 1610, d'un bout de la France à l'autre, ce n'était que signes précurseurs d'un grand événement; si bien que le peuple croyait que la fin du monde était prochaine.

D. — *Récit tiré de l'Histoire de France*

Une nuit la princesse de Conti se réveilla en sursaut sous l'action d'une grande frayeur, elle venait de rêver qu'un des appartements de son palais était sur le point de s'écrouler, elle avait vu le mur se lézarder, tandis que ses enfants qui dormaient en paix allaient être écrasés sous es ruines. Aussitôt elle appela les femmes employées à son service comme gouvernantes et leur donna ordre de lui apporter ses enfants, ces dernières se regardèrent sans doute en pensant que la princesse était devenue folle de déranger ainsi ses enfants. Voyant leur hésitation celle-ci leur exposa brièvement son rêve et renouvela ses ordres. Les femmes répliquèrent que c'était un crime d'agir ainsi sous la foi d'un rêve. Cependant indécises, elles firent le simulacre d'obéir. Sans se presser, elles se dirigèrent dans l'appartement des enfants, espérant toujours que la princesse changerait d'avis et en revinrent pour exposer que les enfants dormaient.

En voyant une telle obstination la princesse se fit donner ses vêtements pour y aller. Cette fois voyant que quelque chose tournerait mal pour de bon, et qu'elles couraient le risque d'être chassées, les femmes se pressèrent d'obéir. Il était temps, à peine les enfants furent-ils auprès de leur mère qu'un fracas épouvantable se fit entendre, mais les enfants furent sauvés.

E. — *En Sardaigne.* 1720

Une nuit du mois de mai 1720, M. de Saint-Remis, gouverneur de la Sardaigne, voyait en rêve la peste se répandre dans l'île et y semer d'affreux ravages. A son réveil, on vint lui annoncer l'arrivée d'un navire qui demandait à aborder. Tenant compte de son rêve, il donna l'ordre formel de n'y point laisser approcher ce bâtiment dans le lazaret et commanda même de tirer dessus s'il ne s'éloignait pas.

Les Sardes crurent que leur gouverneur était subitement devenu fou, ne s'expliquant pas son étrange caprice. Le navire fut cependant repoussé, sans que de part et d'autre l'on puisse en connaître les causes.

Mais peu de temps après ils furent bien étonnés en apprenant que c'était ce même navire qui avait apporté la peste à Marseille. En obéissant à son rêve, le gouverneur avait sauvé son pays.

F. — *Le Président Lincoln (Etats-Unis)*

Une nuit le président Lincoln (Etats-Unis), rêvait qu'il descendait un escalier tendu de tapisseries noires. Comme il demandait pourquoi l'on avait mis ces tentures, on lui répondit : « Le président vient d'être tué à l'Opéra, d'un coup de feu ». Au réveil, il conta cette étrange révélation à sa femme; celle-ci y vit un mauvais présage et le supplia de ne pas sortir du moins de quelques jours.

Le président n'y vit qu'un songe sans signification, et se rendit au théâtre, où il fut guetté par son meurtrier qui l'atteignit d'un coup de feu.

G. — *Le curé de Couze (Dordogne)*

Voici ce que rapporte M. Boin, curé de Couze (Dordogne), dans un de ses entretiens qui eut lieu en 1899.

Plusieurs fois, dit-il, dans ma vie de trente-huit ans de sacerdoce, je me suis senti poussé instinctivement vers le lit de mourants que je ne savais pas malades. Pour ne pas vous fatiguer à énumérer les nombreuses histoires du même genre, je vais me borner à celle-ci.

Une nuit à une heure du matin, je me réveille brusquement, voyant dans son lit un de mes paroissiens mourant qui m'appelait à grands cris. En cinq minutes je fus habillé et une petite lanterne à la main, je courus vers la maison du malade. En route, je rencontre un émissaire qui venait en grande course me chercher.

J'arrive auprès du moribond qui avait perdu connaissance sous l'atteinte d'une attaque d'apoplexie; j'eus juste le temps de réciter la formule de l'absolution, puis il mourut. Or, cet homme très fort et très robuste s'était couché à neuf heures du soir dans les meilleures conditions.

H. — *Mlle de la Vallière*

Plusieurs années avant que Mlle de la Vallière quitta la Cour; elle rêva une nuit que se trouvant dans une église qu'elle ne connaissait pas, elle voyait des religieuses vêtues de blanc ayant à la main des cierges allumés et allant à la communion, elle voyait que le Saint-Lieu était très éclairé, et possédait une tribune fort élevée, réservée aux religieuses. A son réveil, elle fut fort frappée de son rêve, qu'elle conserva dans sa mémoire.

Mais plus tard elle fut bien plus surprise, lorsque pour

la première fois elle entra aux Carmélites, à la suite de la reine, de reconnaître tous les détails dans l'église et les sujets qui avaient fait l'objet de son rêve.

SCIENCES PSYCHIQUES

Double de vivant

Communication spirituelle à travers les grandes distances

Cette curieuse histoire a été puisée dans les *Annales des Sciences psychiques* où elle a été rapportée par les témoins de l'aventure, qui sont M. et Mme Wilmot manufacturiers à Bridgeport.

Le 3 octobre 1863, je quittais Liverpool pour me rendre à New-York par le steamer *City-of-Limerick*, de la ligne Juman, capitaine Jones.

Le soir du second jour, peu après avoir quitté Kinsale Head, une grande tempête commença, qui dura neuf jours, pendant tout ce temps nous ne vîmes ni le soleil, ni les étoiles, ni aucun vaisseau. Les gardes-corps furent emportés par la violence de la tempête, une des ancres fut arrachée de ses amarres et fit beaucoup de dégât avant qu'on put la rattacher, plusieurs voiles fortes, bien qu'étant étroitement carguées, furent emportées et des boute-hors brisés.

Pendant la nuit qui suivit le huitième jour de la tempête, il y eut un peu d'apaisement, et pour la première fois, depuis que j'avais quitté le port, je pus jouir d'un sommeil bienfaisant. Vers le matin, je rêvai que je voyais ma femme que j'avais laissée aux États-Unis. Elle venait à la porte de ma chambre, dans son costume de nuit. Sur le seuil, elle sembla découvrir que je n'étais pas seul dans la chambre, hésita un peu, puis s'avança à côté de moi, s'arrêta et m'embrassa : après m'avoir ainsi caressé pendant quelques instants elle se retira tranquillement.

Réveillé par la disparition subite, et par l'effort que je fis envers celle que je voulais retenir plus longtemps auprès de moi, je fus surpris de voir M. William J. Tait, dont la couchette était au-dessus de moi, mais pas directement, parce que notre chambre était à l'arrière du bâtiment.

Celui-ci éveillé avant moi, et témoin du phénomène qui était pour lui plein de réalité, se rehaussa appuyé sur son coude et me regardant fixement. « Vous êtes un heureux gaillard, me dit-il enfin, d'avoir une dame qui vient vous voir comme ça ». Je le pressai de m'expliquer ce qu'il voulait dire; il refusa d'abord, pour me laisser entendre que c'était plutôt à moi de parler, parce qu'il venait d'être témoin de ce que je savais mieux que lui.

Je le regardais en silence, et de son côté n'obtenant pas de réponse; il rompit enfin le silence et me raconta ce qu'il venait de voir étant tout à fait éveillé.

A mon tour je fus surpris d'entendre exactement ce qui correspondait à mon rêve.

Mais ce qui me surprenait davantage, c'est que mon compagnon n'était point d'un caractère à plaisanter. Habituellement, c'était au contraire un homme posé et très religieux, dont le témoignage peut être cru sans hésiter.

Le lendemain du débarquement, je pris le train pour Watertoun, où se trouvaient ma femme et mes enfants. Lorsque nous fûmes seuls, sa première question fut : « Avez-vous reçu ma visite il y a une semaine, mardi ?

— Une visite de vous, dis-je, nous étions à plus de deux milles sur mer ?

— Je ne l'ignore pas, répliqua-t-elle mais il m'a semblé avoir eu l'impression de vous avoir rendu visite.

— C'est impossible, dites-moi ce qui vous a fait croire cela ».

Ma femme me raconta alors qu'en voyant la tempête et apprenant la perte de l'Africa, parti pour Boston, le jour où nous avions quitté Liverpool pour New-York, elle avait été extrêmement inquiète sur mon sort. La nuit précédente, la même nuit où comme je l'ai dit la tempête avait commencé à diminuer, elle était restée éveillée longtemps, en pensant à moi, et environ vers quatre heures du matin, après s'être assoupie sous un lourd poids de fatigue et d'inquiétude qu'elle portait sur mon sort. Après avoir pour ainsi dire été jusqu'à cette heure privée de sommeil

Il lui sembla qu'elle venait me trouver, s'oubliant en quelque sorte pour suivre le mouvement de son esprit; où elle se trouvait entièrement absorbée dans son rêve. Il lui sembla qu'elle franchissait légèrement et rapidement l'espace, à une distance peu élevée de la surface des flots de la vaste mer en fureur. Elle rencontra enfin un navire bas et noir, monta à bord, et descendant sous le pont, traversant les cabines jusqu'à l'arrière, arriva à ma chambre : « Dites-moi, ajouta-t-elle, a-t-on toujours des chambres comme celle que j'ai vue, où la couchette supérieure est plus en arrière que celle d'en dessous. Il y avait un homme dans celle de dessus qui appuyé sur son coude me regardait fixement sans rien dire et pendant un instant j'eus peur d'entrer. Enfin je pris le parti de m'avancer à côté de vous, me penchai vous embrassai et vous serrai dans mes bras, puis je m'en allai ».

La description donnée par ma femme était correcte dans tous ses détails, bien qu'elle n'eut jamais vu le bateau.

« Monsieur Wilmot, ajouta ma sœur, voyageait sur le même bateau et je trouve dans son mémoire de notes journalières que nous partîmes le 4 octobre 1863, et arrivâmes à New-York le 22, et à la maison le 23. Le Journal *Le New-York Hérald*, indique que la *City-of-Limerick* quitta Liverpool le 3 octobre 1863, Queens-Town le 5, arriva de bonne heure le matin du 22 octobre 1863, et signala la tempête ainsi que la situation critique du navire et le naufrage de l'Africa ! »

Récit de ma sœur

Au sujet du si curieux phénomène éprouvé par mon frère lors de notre voyage sur le *Limerick*, je me rappelle que M. Tait, qui ce matin-là me conduisait déjeuner à cause du terrible cyclone qui faisait rage, me demanda si la nuit dernière j'étais venue voir mon frère dont il partageait la même chambre, « Non, répondis-je, pourquoi ?

— Parce que j'ai vu une femme en blanc qui est venue voir votre frère ».

Mme Wilmot

» Je me rappelle avoir été très troublée à la vue d'un homme penché sur sa couchette qui me regardait d'en haut.
Toutefois, je racontais mon rêve à ma mère le lendemain
matin, et je sais que toute la journée j'eus le sentiment
très net d'avoir été voir mon mari, et l'impression de l'avoir
vu et trouvé en excellente santé était si forte que je me
sentais heureuse et réconfortée, comme imprégnée d'une
faveur inconnue et cela à ma grande surprise ».

(Mme S. R. WILMOT).

Prophétie

PHÉNOMÈNE N° 1

*Une prophétie authentique du dernier jour de la terreur,
d'après une lettre d'un ecclésiastique captif dans les prisons
écrivant; en 1794, à l'un de ses parents.*

« Cambray, 8 thermidor, an II.

» Ecoutez ce qui s'est passé dans cette ville le 8 thermidor
an II, 26 juillet 1794. Dès le matin, une foule considérable
de nouveaux détenus avait été conduite à la prison de
Cambray, et cependant l'accusateur public, nommé
Cambrière, attendait encore d'autres victimes; mais
n'ayant plus de cachots où les mettre, il avait ordonné que
ce jour-là trente-deux prisonniers seraient conduits au
Tribunal révolutionnaire, et du Tribunal à l'échafaud.

» Il était encore à la prison et s'occupait à dresser la
liste des noms qu'il voulait faire appeler, lorsqu'une charrette venant d'Arras amena trois religieuses hospitalières
de la maison d'arrêt de cette ville, et un fermier du prince
de Vaudemon. « Où faut-il les mettre ? demanda le geôlier;
je n'ai plus de place pour loger ces aristocrates ».

« Ne te mets pas en peine lui répondit Cambrière, je vais
les envoyer tout droit au Tribunal et ils m'y trouveront ».
Ce qui fut dit fut fait. La charrette au lieu de descendre
les quatre victimes à la prison, les descendit dans le lieu
où Cambrière tenait ses audiences. Une heure après, la

même charrette les conduisit les mains liées et les cheveux coupés à la guillotine de la place d'armes.

» Les religieuses n'étaient vêtues que de robes noires car on avait arraché de dessus leur tête le voile blanc dont elle s'étaient enveloppées. Lorsqu'elles furent montées sur l'échafaud, toutes les trois s'agenouillèrent, et il se fit un grand silence parmi la foule qui les environnait, tant il y avait de ferveur dans leur prière et de majesté sur leur visage. La plus âgée des trois, Magdeleine Fontaine, qui avait soixante-douze ans, se releva et criant avec force, afin que les nombreuses personnes présentes et silencieuses à cet instant puissent bien l'entendre : « Chrétiens, écoutez-moi ; nous sommes les dernières victimes de la Terreur, Dieu vous l'annonce par ma voix. Demain la persécution aura cessé, l'échafaud sera détruit et les autels de Jésus se relèveront glorieux. » A l'instant où elle venait d'annoncer cette si précieuse nouvelle, un bruit sourd se fit entendre, c'était le couteau qui venait d'abattre la tête de Jeanne Gérald. Thérèse Simon la suivit et après elle, la sainte femme qui venait de prophétiser, à son tour, apporta sa tête au couteau, qui ouvrit le chemin de son âme vers l'éternité, avec la palme du martyre.

» La prédiction de sœur Magdeleine Fontaine fournit à Lebon, à Cambrière et à leurs complices un inépuisable sujet de plaisanteries ; mais le surlendemain de la mort de cette sainte femme, pâles et consternés, ils apprirent la Révolution du 9 thermidor qui fut la chûte de Robespierre, brisait leurs pouvoirs et les menaçait de l'échafaud où tant de leurs victimes ont péri.

» Que Dieu leur épargne ce châtiment disait dans sa lettre l'ecclésiastique à ses parents, et soyez pleins d'espérance, croyez surtout que le reste de sa merveilleuse prédiction s'accomplira.

» Les autels de Jésus se relèveront glorieux ».

On vit par la suite que la prédiction ne tarda pas à s'accomplir entièrement, car le peuple était las de voir couler des ruisseaux de sang sur les places publiques. Bientôt les portes des prisons furent enfin ouvertes, et celui qui devait être nommé Premier Consul, puis Empereur des

Français, fit rappeler les émigrés, puis ouvrir les portes des églises et le culte catholique fut rendu aux chrétiens.

La contagion mentale révolutionnaire et ses causes

Voyez ce champignon qui a poussé à travers la mousse, il peut être bon, mais méfiez-vous, il peut aussi être un poison violent. Avant de le cueillir, il est utile de savoir que même les champignons qui paraissent bons, ne le sont que dans certaines contrées, et sont vénéneux en d'autres, en user est une étude pratique pour chaque espèce et chaque pays.

Voyez la mauvaise herbe, elle pousse partout en abondance sans jamais la semer, et lorsque la bonne semence sera dans le champ, cette dernière reparaîtra de nouveau pour la dévorer.

Ainsi sont les mauvaises pensées des hommes qui ont bien conscience du Bien et du Mal, mais ils n'ont point Dieu pour guide, et sans tuteur, ils ressemblent à la vigne qui n'apporte pas de fruit, parce qu'elle n'est pas émondée, et à défaut de tuteur et de tout entretien, elle rampe à travers la mauvaise herbe où elle deviendra sauvage et même périra.

Voyez un roi, une reine ou un grand du monde, admet-on si l'on veut, qu'il soit bossu qu'il ait de grands pieds, ou qu'il n'ait que quatre cheveux sur la tête, on lui verra une perruque, ou un costume spécial pour cacher sa mauvaise constitution que l'on connaît ou que l'on ignore, ou même qu'il n'a pas.

— Tout de suite le bon peuple se trouve fier d'adopter cette mode et aussi ridicule qu'elle paraisse, elle est la bienvenue.

Il n'attend pas; car les déguisements sont la mode de chaque jour, c'est lorsque l'on est contrefait de la nature, que l'on se trouve mieux, et que la vanité jouit et domine. Voyez le vent du nord il est favorable au beau temps et c'est par un temps calme que nous sommes heureux, parce que la nature est en fête et que dans les bois les oiseaux font entendre leur doux chant d'amour. Mais nous ignorons de quel côté demain peut-être, ce même vent poussera un terrible ouragan qui se déchaînera sur nous, brisera toutes nos espérances, et causéra notre ruine et notre désespoir. Ainsi de même, apparaissent les tremblements de terre, les catastrophes de différente nature, les grands fléaux épidémiques, les fléaux de la guerre; ainsi que les fléaux révolutionnaires. Toutes les manifestations grévistes sont aussi autant de contagions mentales qui prennent naissance dans le cerveau des peuples, chez les grands comme chez les petits.

A travers une année, chaque chose a ses saisons, il suffit qu'un champignon ait poussé sans semence et dans le même champ, ainsi que dans toute la contrée de celui-ci, bien d'autres champignons pousseront en grand nombre. Mais ceux-ci peuvent se trouver parmi un grand nombre de vénéneux.

Ainsi de même, à travers un siècle de nombreux événements apparaissent les uns pour le bien des nations, les autres et c'est le plus grand nombre pour le désordre et la ruine.

Voyez l'apparition de la vapeur, elle a pris naissance comme un bon champignon dans le cerveau de Denis Papin. L'électricité a eu son commencement; les frères Montgolfier ont inventé les ballons.

Mais l'aéroplane surtout n'a véritablement pris naissance que dans le cerveau de Wilbur Wright et de son frère, qui par leurs vaillants exploits en 1908, ont accompli une véritable révolution dans les esprits inventeurs. Et j'avoue que moi-même, si mes moyens me l'avaient permis, je me sentais fort disposé à participer à i'amélioration de la nouvelle découverte.

Mais comment se sont accomplies les grandes révolutions surtout celle de 1793. Toujours parce que les hommes ne se sont pas trouvés assez mûrs pour connaître le vrai Dieu, croire en lui et vivre sous sa loi. Les hommes se sont trop fiés à d'autres hommes et ceu i, imprégnés du pouvoir, ont bien plus songé à a   a leur cassette en dehors de leur droit, qu'à gouverner sagement.

C'est en abusant de la sueur des petits, c'est en écrasant

un peuple d'impôts au-dessus de ses forces et de ses moyens, que le peuple devient un lion qui rugit, qui menace, et lorsque l'élan en est donné, ce même peuple ne sait plus modérer sa fureur.

C'est surtout les mauvais écrivains qui se sont généralement toujours trouvés mêlés, en cause, dans les grands événements.

Telles sont leurs mauvaises pensées, tels sont leurs écrits. Tels aussi sont autant de champs où poussent des champignons vénéneux, dont le peuple, grand et petit est friand et se dispute pour les recueillir, et pour les absorber sous toutes les sauces. Une fois que son cerveau est malade il s'agite dans sa fièvre et commet parfois les crimes les plus odieux sans savoir ce qu'il fait.

Lorsque ces mauvais, mais grands penseurs, tels que Voltaire, Jean-Jacques Rousseau et autres philosophes dénaturés ont effacé Dieu et sa loi dans les esprits, dans le vide obscur, les grands se sont trouvés imprégnés du mal de la soif de l'or, et d'une folle ambition opulente, au détriment des petits. Ceux-ci à leur tour, si bien imprégnés d'orgueil et de vanité, que leur travail même ne peut les soutenir. Chacun devient le petit dieu de soi-même qui se nourrit d'une folle espérance, celle d'abord de la mauvaise pensée où s'accumule la poudre qui éclatera un jour contre ses oppresseurs.

Ne vous déplaise sur cette autre vérité, entre peuples et gouverneurs; ces derniers sortis élus des élections, par conséquent vainqueurs parmi les prétendants aux honneurs d'un grand peuple, sont considérés comme la crème des braves gens en intelligence, en instruction et en toutes choses; ils sont à la fois écrivains, diplomates et orateurs, selon les circonstances. Ils sont les défenseurs de ce même peuple et en toutes choses les défenseurs de la Patrie qu'ils représentent. Mais arrivés au pouvoir, quels sont leurs exploits. Les nouvelles circonstances varient quelquefois avec les nouvelles situations et les différents caractères.

Les nouveaux amis et connaissances entraînent à de nouveaux besoins, dont le peuple n'a plus rien à voir,

c'est la liberté personnelle ou familiale. Ces derniers
sont-ils sages et bienveillants, sont-ils sobres et affables :
ils seront des arbres porteurs de bons fruits. Le peuple
sera sage et bienveillant, il saura se contenter de peu, il
supportera ses peines en paix et sans se plaindre, c'est en se
faisant honneur qu'il sera l'honneur de sa famille et de sa
patrie. Sachez que le plus petit geste d'un représentant
produira de bons ou de mauvais fruits. Sera-t-il imprégné
de mener même en secret, une vie d'adultère, ou sera-t-il
en désaccord avec l'église ? tant il est difficile de satisfaire tout le monde, car toute politique a ses amis et ses
ennemis. Ceci a existé de tout temps, et chacun selon
son instruction ou comme il entend, a le droit de sa liberté :
s'opposer à la liberté d'autrui, lorsque cette liberté n'est
au préjudice de personne, c'est être téméraire, c'est violer
un droit.

En ce cas si les journaux ne suffisent pas, les pierres
parleront, mais le peuple lui aussi vivra plus ou moins
dans le scandale et l'adultère, lui aussi sera l'ennemi de
l'église, et la paix sera troublée, tant à la campagne comme à
la ville. A ce sujet, je rappelle 1904, 1905 et 1906, etc., où
le gouvernement a vécu en mauvaise intelligence avec
l'église et les congrégations, ce qui a ouvert la porte au
cambriolage d'objets religieux.

Je rappelle la débauche de la jeunesse qui vivait sans
la crainte de Dieu, et où les lois à ce sujet n'étaient que se-
condaires, par conséquent incapables d'arrêter les crimes
et les vols qui se sont commis, à cette époque, et la suite a été
le gaspillage des millions des congrégations, qui ont marché de front avec les grèves. C'était si l'on veut, une épi-
démie malheureuse, plutôt déshonorante pour la patrie,
mais où les premiers se sont montrés les mauvais exemples.

A cette époque si un conflit avait éclaté entre nous et
quelques puissances ennemies on risquait de trouver, même
parmi les militaires, de mauvais défenseurs de la patrie.

Psychologie

Manifestation de mourants

PHÉNOMÈNE N° 1

Cette histoire a été rapportée par M. M..., teinturier, à l'usine de Valabre par Entraignes (Vaucluse).

« J'avais douze ans, mon pauvre père, un des héros de Sidi-Brahim, avait passé la nuit et une grande partie de la journée précédente, au chevet de ma grand'mère paternelle très malade, il était revenu à la maison au petit jour. Vers les quatre heures du soir, un de mes oncles vint le chercher en lui disant qu'elle était au plus mal et qu'elle voulait voir ses deux enfants. Mon père voulu nous amener, mon frère le plus jeune y alla très volontiers, mais moi je résistai par un refus résolu exposant que j'avais peur des morts et que je ne voulais pas la voir mourir.

» Je restais seul avec ma mère qui après souper me fit coucher. La peur me tenait toujours je voulais veiller auprès d'elle. C'est alors qu'elle me proposa de coucher dans son lit, me promettant de bientôt me tenir compagnie. Un instant après que je fus au lit, il pouvait être environ sept heures et demi, je reçus une gifle d'une violence extraordinaire.

» Je me mis à crier, ma mère vint aussitôt me demanda ce que j'avais, je lui dis en pleurant, et tout tremblant d'émotion et de peur : je viens d'être battu, regarde, en lui montrant ma joue qui me faisait mal. Elle constata qu'elle était rouge et enflée, inquiète de ce qui venait de se passer elle resta auprès de moi sans se coucher et languissait après le retour de mon père et de mon frère, qui rentrèrent vers 9 heures, ma mère annonça aussitôt ce qui m'était arrivé, mon père lui répondit : c'est précisément à cette heure que sa grand'mère a rendu le dernier soupir.

» Pendant six mois j'ai conservé l'empreinte d'une main droite sur ma joue droite, cette constatation a été faite par des centaines de personnes, et surtout lorsque j'avais joué avec mes camarades, on distinguait très bien les traces d'une main blanche où se distinguaient les cinq doigts sur ma joue rouge ».

Prophétie

PHÉNOMÈNE Nº 2

Mme Dubourg supérieure du St-Sauveur (Aixe-sur-Vienne)

Récit A

Après qu'une grande inondation a fait d'immenses dégâts, l'eau s'écoule lentement pour rentrer dans le calme de son lit, ainsi à travers les années qui nous séparent de la grande révolution, la foi catholique a senti ses besoins chaque jour plus pressants, de vivre en paix, et de se relever de ses ruines. Ainsi la chapelle d'Arliquet s'était provisoirement relevée en espérant pour l'avenir une restauration vaste et complète telle qu'elle est actuellement.

C'était en 1845 que furent achevées les réparations provisoires du Sanctuaire d'Arliquet. Quelques années avant cette date, Mme Dubourg avait quitté la Souterraine où elle professait aux jeunes filles, comme une juste liberté le permettait à cette époque. La bonne étoile de l'inspirée, la conduisit à être remplacée dans ses fonctions, pour venir fonder à la communautée d'Aixe, l'ordre des Dames dont elle était supérieure. Il faut ici avancer qu'elle était considérée à ce titre, en sa qualité de fondatrice, par le profond respect qu'on lui accordait et dont elle était digne. Selon sa grande humilité, elle dû se donner à elle-même ce titre, car le jour où s'est déroulée la petite histoire que je rapporte, elle était soumise à sœur Saint-Pierre qui était la véritable supérieure.

Un dimanche de ces longues journées d'été, après avoir entendu les vêpres à l'Eglise Sainte-Croix d'Aixe, les dames du Sauveur prirent le chemin de Notre-Dame d'Arliquet. En rentrant la vénérable religieuse Mme Dubourg s'est dirigée directement vers l'antique statue noire reléguée dans un coin du chœur, comme un objet inutile. Elle s'en était approchée le plus possible.

Sœur Saint-Pierre après être intervenue plusieurs fois, n'avait jamais pu la décider à venir sur les marches de l'autel, pour prier toutes ensemble en face de la nouvelle statue.

Elle était tombée en extase, non pas comme elle y était tombée quelques rares fois, où ses élèves de la Souterraine l'avaient vu s'élever et perdre terre, cela lui était aussi arrivé plusieurs fois à Aixe ; (j'ai moi-même connu une vieille femme Mme L..., marchande de cierges, qui racontait volontiers à qui voulait l'entendre, qu'elle avait une fois été témoin d'une des extases de Mme Dubourg, où elle s'était élevée environ d'un mètre de hauteur hors de terre, on la prit aussitôt par ses vêtements, à cet instant, elle quitta son état mystique et son corps prit son état normal. »

Cela n'est pas extrêmement rare pour ceux qui approchent le plus des préceptes et de la vie du Sauveur. La vie de saint Alphonse de Ligorie, fait mention de semblables extases. Ceci peut arriver lorsque le sujet est entièrement transporté hors de lui-même, comme en un cauchemar, où il a entièrement son esprit élevé vers Dieu : celui qui tombe en cet état, existe sous une sorte de somnambulisme médiummique, état inconscient. Il existe comme dans un rêve dans le sujet qui le domine : ainsi la sainteté attire des faveurs miraculeuses sur le corps, Dieu est tout puissant car il s'est élevé le premier pour favoriser ses élus de quelques rayons de miracles; comme il lui platt.

Mme Dubourg, dis-je, était tombée en extase, sa prière se prolongeant plus qu'à l'ordinaire, toujours devant la petite statue, au point que la nuit était venue, et elle ne songeait encore pas à quitter la chapelle. Sœur Saint-Pierre, lui fit violence en la tirant par un bras pour l'arracher de ce lieu où elle paraissait goûter d'ineffables consolations.

Elle les suivit sans mot dire, et sans paraître appartenir à cette terre. Ce ne fut qu'après avoir franchi le pont que celle-ci parut reprendre ses sens. « Où sommes nous ? s'écria-t-elle bientôt. — A la communauté lui répondit-on. — Mais, reprit-elle avec une sorte d'indignation, comment a-t-on pu ainsi placer cette statue, ma mère ? Sœur Saint-Pierre lui répondit : « La Vierge qu'on a placée sur l'autel est beaucoup mieux que la précédente, d'ailleurs, prier devant l'une ou l'autre statue, doit toujours honorer la Sainte-Vierge. — La même chose ? reprit celle-ci, la même chose, oh non ! non, mille fois non, ce n'est pas la même chose. Et s'il plaît à Dieu que sa sainte mère soit honorée dans telle statue, plutôt que devant telle autre, nous appartient-il de comprendre ses sages volontés et n'est-il pas le Maître ? »

Puis après un moment de silence et d'un ton inspiré, elle ajouta : « Ah ! je vous le dis, ce pèlerinage sera pour la ville d'Aixe et toute la contrée une source de bénédictions et de grâces..... » Après une courte pause, elle reprit encore : « Ah ! la Sainte Vierge fera ici de grandes choses...., le salut viendra par elle. »

Arliquet est un lieu agréable, au point de vue hygiénique et pittoresque ; l'on s'y trouve tout à l'aise, et rempli de cette paix où seule la foi trouve la jouissance d'un ineffable bonheur que les hommes ne comprennent que rarement mais qui imprime en lui-même un grand respect pour le saint lieu.

J'avoue que les trop rares fois où j'ai fréquenté ces parages, je crois avoir recueilli mes meilleures inspirations.

Récit B.

Voici maintenant une autre toute petite anecdote entièrement inédite, qui se rattache à Mᵐᵉ Dubourg.

Il y avait à Aixe une riche famille de braves gens. Mᵐᵉ D.... surtout, était très pieuse, et donnait beaucoup aux pauvres : elle n'en portait pas moins une bien lourde croix, car Dieu se plaît quelque fois à affliger ses plus fidèles serviteurs, et il n'appartient point aux hommes de comprendre ses sages voix.

Mᵐᵉ D... avait élevé plusieurs enfants, et j'ai moi-même parfaitement connu cette grande famille, ainsi que le mari de Mᵐᵉ D...

Je n'ai jamais appris si c'est par accident ou à la suite d'une maladie, mais cette malheureuse était devenue complètement aveugle, lorsqu'elle s'accoucha du dernier de ses enfants qui était une fille appelée Elise. Une bonne était spécialement attachée aux soins de l'enfant et de la mère qui l'allaitait.

Cette dernière souffrait beaucoup moralement de n'avoir jamais vu son enfant.

Un jour que les domestiques étaient aux champs et qu'elle était resté entièrement seule à la maison; elle adressa à Dieu une fervente prière, le suppliant de lui faire voir son enfant. Cette grâce lui fut accordée. Ses yeux s'ouvrirent environ cinq minutes. Après qu'elle eut bien admiré sa fille, ils se refermèrent tout doucement, elle ne vit plus rien.

Lorsque son mari entra elle lui dit aussitôt : « Dis donc D..., sais-tu que Dieu m'a exaucé et que j'ai vu ma petite Elise, sa robe est rouge bariolée de blanc, son bonnet est blanc, etc ». Elle désigna exactement tous les détails des vêtements de l'enfant, de telle façon qu'on ne pût s'empêcher d'en reconnaître l'exacte vérité, et cette brave femme était même incapable de mentir et n'avait en ceci aucun intérêt.

Lorsque Mlle Elise fut grande et eut acquis un certain degré d'instruction, elle forma le projet d'entrer au couvent.

Sa mère la malheureuse aveugle mourut, en cet intervalle, mais quelques mois après le décès de Mme D..., Mlle Elise fut reçue définitivement religieuse, dans un couvent de Carmélites. C'est alors que la direction du Couvent permit à la nouvelle religieuse d'aller voir toute sa famille.

A son arrivée à Aixe, la première visite de cette dernière fut pour les Dames du Sauveur, où elle fut reçue par Mme Dubourg, qui passait particulièrement pour une sainte.

« Eh bien! dit aussitôt en la voyant, la vieille religieuse à la jeune sœur Elise D...., vous êtes bien contente.

— Ma sœur, reprit celle-ci, je suis contente comme d'habitude, en prenant mon sort comme il plaît à Dieu.

— Je vous dis reprit aussitôt Mme Dubourg que vous devez vous réjouir, c'est aujourd'hui même que votre mère quitte le Purgatoire pour monter au Ciel.

PHÉNOMÈNE N° 3

Sur la mort du docteur Lapponi, médecin du Pape
Petit Journal, Rome, 7 décembre.

Le docteur Lapponi, mourut à la suite d'un cancer dont il souffrait depuis plusieurs mois. Chacun sait qu'il fut successivement le médecin des Papes Léon XIII et Pie X.

Voici l'exposé de la curieuse histoire qui se racontait à Rome à l'époque où il rendit le dernier soupir.

Il y avait quelques mois, le savant docteur donnait ses soins à un malade de l'hôpital de Jate-Bene-Fiatelli, auquel il s'intéressait particulièrement.

A la suite de sa dernière visite, le docteur trouva ou plutôt crut trouver son malade en meilleur état et déclara à celui-ci qu'environ dans trois jours il serait guéri.

Lorsque le médecin se fut retiré, le patient se tourna vers l'infirmier et lui dit : « Le professeur prétend que je vais sortir d'ici bientôt; mais je suis d'un avis totalement contraire au sien. Je vous affirme que, dans un mois, je serai mort, deux mois plus tard, vous le serez également, et trois mois après, l'excellent docteur Lapponi viendra nous rejoindre ».

Le lendemain, l'infirmier rapportait cette prophétie au médecin, qui s'en montra très affecté. En effet, le malade dont il avait affirmé la guérison succomba au bout de quatre semaines.

L'infirmier contracta deux mois, presque jour pour jour, après le décès du malade, une maladie qui l'emporta.

Le docteur Lapponi, enfin, s'alita dans les délais fixés par le singulier prophète et mourut à son tour.

Un miracle

Observation A.

Apparition de Jésus

Voici un fait fort curieux, qui se serait passé dans le petit village de Brin, situé à quelques kilomètres de Nancy, le dimanche 8 décembre 1907, jour de l'Immaculée-Conception et s'était renouvelé le dimanche suivant, en présence de la grande foule des habitants du village et des environs qui se trouvaient à l'office. Je parle d'après la correspondance d'un grand journal et la possibilité du fait miraculeux ne me semble ni plus ni moins intéressante, que le reste de mes ouvrages, où tout est merveilles et mystères.

Après l'office de la grand messe dans l'église du village lorsque le prêtre eut placé la divine et sainte ostie dans l'ostensoir pour donner la bénédiction, la foule des assistants qui était particulièrement nombreuse ce jour là à l'office, observèrent nettement dessiné sur la lentille, l'image d'un jeune homme revêtu d'une tunique à la ressemblance de Notre-Seigneur Jésus-Christ.

Le prêtre bon vieillard qui était à la tête de cette paroisse depuis de longues années, crut d'abord être le jouet d'une hallucination. Il demanda à son chantre s'il voyait comme lui et reçu son affirmation positive et celle des fidèles. Le maire de la commune, homme peu crédule selon le rapport qui en fut fait, ainsi qu'un grand nombre d'autres curieux, eut vent de la mystérieuse apparition, et se rendit aussitôt à l'église. Après avoir fait la même constatation tous s'écrièrent au miracle.

L'histoire de ce merveilleux phénomène ne fit que s'étendre davantage, si bien que le dimanche suivant, l'église pouvait à peine contenir la foule qui se pressait; voir même des personnes étrangères à la commune, étaient venues. Tout ce peuple put à nouveau constater cette nouvelle apparition exactement semblable à la précédente. Mais le fait ne se renouvela plus.

Observation B.

Si à ce sujet, nous consultons son excellence, un savant philosophe, de n'importe quel pays, où s'est déroulé, tel ou tel fait touchant au merveilleux, car il ne faut pas oublier que les savants sont dans leur genre de petits rois fort instruits qui jouissent d'une extraordinaire réputation, oh! je ne veux pas parler de monsieur Pasteur qui allait à l'église le dimanche, ni de bien d'autres comme lui qui ont été des modèles exemplaires de piété, et aussi de grands ouvriers, je veux parler d'un de ces petits rois de la philosophie.

Si nous les consultons dis-je, ils trouveront toujours une cheville à proximité de leur main pour boucher un trou, et ils en ont toujours de préparées à l'avance, ce qui les trompe quelquefois, car un travail fait d'avance ne s'ajuste pas toujours bien.

Lorsqu'un tailleur a pris ses mesures, il est certain que le costume ira mieux que s'il est fait à l'avance.

Je veux dire que le jour de la résurrection du Sauveur, nos communications sont restées ouvertes à nos chers défunts, car le Christ est le Dieu de vie.

Je veux dire aussi que lorsque Magdeleine est venue annoncer le miracle aux apôtres, ils l'ont traité de folle, il a fallu qu'ils touchâssent le ressuscité de leurs mains, et qu'ils fussent des centaines ensemble à le voir de leurs yeux, vivant, à l'entendre, à lui parler, pour se rendre à l'évidence et revenir de leur idée préconçue. Après quoi, par la prédication et par l'écriture, ils n'ont cessé de proclamer la réalité de l'événement, enfin, ils se sont fait couper la gorge, trancher la tête, écorcher vifs, pour soutenir la sincérité de leur affirmation.

Maintenant que dire de saint Paul qui était le plus grand lettré de l'époque et le plus grand persécuteur des chrétiens. Il n'a fait qu'entendre comme moi! Comme moi vous entendez bien, la voix du Seigneur, et les paroles qu'il a entendues aux portes de Damas, ne sont guère plus flatteuses que celles que j'ai entendu dans notre demeure à Aixe-sur-Vienne, alors que j'étais proche de mes quinze ans. Saint Paul a cru et il s'est fait à son tour couper la tête pour soutenir lui aussi le Christ ressuscité et la réalité de cet événement.

Ainsi de même je soutiens la véracité de mes histoires et les histoires qui me concernent spécialement dans mes ouvrages. Devrait-il m'en coûter la vie, comme les apôtres, je ne renierais pas ma foi, particulièrement fondée sur ce que j'ai vu de mes yeux et entendu de mes oreilles.

Maintenant en ce qui concerne le miracle de Nancy ou plutôt du petit village de Brin, Dieu est le grand maître de se montrer comme il veut et comme il l'entend.

Il me semble entendre paraphraser quelques uns de ces savants, autant qu'ils sont en ces matières. Ils invoquent la suggestion et l'auto-suggestion, c'est leur corne d'abondance collective, et après, ce sera la photographie vulgarisatrice, tout est possible, tout est facile, de sorte que le curé de Brin n'avait qu'à coller une photographie devant l'ostensoir pour faire croire au miracle.

Ainsi tous les gens restent des sots pour les savants. Je me demande comment devait faire nos anciens à défaut de connaître l'auto-suggestion et pourquoi Nièce et Daguerre sont venus si tard pour nous faire connaître la photographie.

Il suffit disent-ils que quelqu'un se mette à crier je vois, pour que tous ceux qui l'entourent crient également, et les voilà consolés, le trou est bouché.

Ainsi il a fallu qu'un sot invente de voir et tous les autres ont vu de même, d'après celui-ci qui n'avait rien vu, de sorte que d'après ces chers savants, aurait-on vu de ses yeux et touché de ses mains; on se trouve dans la nécessité de dire que l'on n'a ni vu ni touché ou l'on sera considéré un sot, au choix, ou se taire, c'est sa majesté le petit roi qui impose; quant à moi j'en suis à me demander si ce sont les voyants ou plutôt de tels savants qui restent les sots.

Jeanne d'Arc avait vu et entendu les voix célestes qui lui disaient d'aller délivrer le roi de France qui avait perdu son autorité, et n'était plus que par dérision appelé le petit roi de Bourges. On n'accorda qu'une faible part de confiance à Jeanne qui n'était qu'une pauvre paysanne illettrée.

Et Jeanne inspirée de Dieu sauva la France de ses envahisseurs, et sut jouer le rôle d'un des plus lettrés et des plus expérimentés généraux.

Après cette signature toute divine, après que le sceptre royal, a été remis au paresseux et peu soucieux roi, il se trouva des savants assez inexpérimentés pour laisser condamner Jeanne a être brûlée vive. C'est ainsi que la France récompense ses véritables bienfaiteurs, pour donner confiance à des spéculateurs.

Bernadette avait vu la Vierge de Lourdes dans dix-huit apparitions, et malgré cette signature pleine de vérité qui est la fontaine miraculeuse, fontaine qui a rendu la santé à des milliers de désespérés, il se trouve encore de ces sots instruits qui osent dire que les guérisons s'accomplissent par suggestion et auto-suggestion c'est leur dernier mot. Ainsi tels étaient autrefois les pharisiens en présence des miracles du Sauveur, qui s'ingéniaient à toutes les horreurs de la malice, pour effacer la résurrection de Lazare qui était présent parmi eux, et qui était resté quatre jours dans le tombeau.

Maintenant, si nous voulons aller plus loin sur la confiance que la France accorde à ces hommes instruits et expérimentés dans l'art de la friponnerie, ainsi les nommait Saint-Vincent-de-Paul, je n'ai qu'à citer Duez en exemple qui fut en 1903 chargé des liquidations d'un certain nombre de congrégations.

Il est inutile de demander si Duez allait aux offices divins et s'il suivait la loi des commandements de Dieu.

Non, Duez avait été commis d'architecte, caissier de détail au « Bon Marché ». Duez était entré au service de M. Imbert, administrateur judiciaire, avec les gracieux appointements de 35.000 francs environ.

Duez administrateur judiciaire lui-même, avec les appointements d'un petit roi, ne pouvait s'abaisser à de si mesquines occupations. Quel mépris, lorsque Dieu n'existe pas, on fait beaucoup mieux, ce qu'il ne manqua pas de faire. Tel un rat dans une tourte, il sut habilement rogner une part des millions des congrégations. La soif de l'or et les plaisirs mondains marchaient de front, en liaison avec les femmes de mœurs légères. Il avait si bien fait tourner à son profit la mission qui lui était confiée, qu'il se trouva en 1908 pris au piège d'un long procès.

Mais comme chacun sait, lorsque le ressort d'une grosse horloge a acquis sa force, tous les rouages se mettent en mouvement, et comme en juste droit toute peine mérite salaire, que ne devaient mériter tant de sueurs aux hommes compétents, pour instruire le grand procès ?

Ainsi les petites causes conduisent aux grands effets.

Duez était luimême le ressort de ce grand mouvement de la grosse horloge de son bien propre, tout a fort bien marché jusqu'aux aiguilles, pour marquer les heures de chaque séance.

Mais ce qui me désespère le plus. Oh ! je ne soutiendrai pas si c'est un défaut de mémoire, ou si je l'ai vaguement oui-dire à la décision de mon coiffeur, par quelque imbecile comme moi, qui trime du matin au soir, pour gagner un bien maigre salaire, et qui est à chaque instant gourmandé par un patron qui lui aussi aime mieux les louis de vingt francs que les gros sous, il me semble dis-je, que lorsqu'il fut pour la première fois question de la séparation de l'Eglise et de l'Etat que l'argent des congrégations devait être versé en faveur des retraites ouvrières. Comme je me réjouissais à l'avance de participer d'une faible part aux millions des congrégations, par la faute de cet ogre de malice, tout semble avoir été avalé.

On m'avait bien offert de participer aux retraites ouvrières. Comme il fallait accumuler le reste de nos maigres salaires, j'ai pensé que les retraites ouvrières étaient comme la plupart des lois, bien plus favorables aux places lucratives des divers protégés, qu'à ceux que les lois protègent, et de crainte qu'il en arrive un jour ce qui est arrivé aux Affaires du Panama, où de pauvres malheureux, paraît-il, se sont suicidé de désespoir.

J'ai eu peut-être à tort un léger penchant de préférence pour m'en rapporter à moi-même.

Quant aux liquidations congréganistes, elles n'ont été on s'en souvient qu'un ensemble de mauvais exemples et de mauvais principes pour la jeunesse.

Car comme je l'ai fait rémarquer, le petit peuple marche suivant les exemples de ses dirigeants qui sont les objets de sa confiance et en toutes choses de sa direction. Si les grands gaspillent, non seulement les petits seront obligés d'en supporter les charges plus lourdes par l'intermédiaire des impôts, mais ils gaspilleront. Cependant avant tout il faut manger et lorsque le peuple ne peut plus arriver à se suffire, la suite est quelque terrible révolution.

Je dis et même je soutiens, que si les congréganistes

avaient conservé leurs biens et continué leur instruction
à la jeunesse qui leur était confiée et qu'ils instruisaient
dans la crainte de Dieu, la jeunesse n'aurait pas été jetée
dans le vice et pourrie comme elle l'a été pendant toute la
durée des troubles de la séparation de l'Eglise et de l'Etat.

Alors cette raison est je crois suffisante à messieurs les
savants, pour soutenir tout naturellement et en dehors
de leur suggestion opposée au miracle.

Que Dieu existe, que Dieu est la vérité, que ses commandements sont simples et au-dessus de toutes les lois humaines, et que Dieu seul est la paix dans la famille, Dieu
seul a le droit d'être envisagé par la vraie science. C'est
au sein de la sagesse et de la famille qu'on est en droit
d'espérer la repopulation. Dieu doit être respecté, et non
supprimé par les réformateurs soi-disant savants, qui au
sein de leurs milliers de théories, n'ont fait que du gâchis
sans jamais tomber eux-mêmes d'accord.

Un jour, je me trouvais à un office religieux, un père
de famille y avait amené ses cinq enfants grands et petits,
je n'ai pu remarquer dans ceux-ci qu'un grand respect pour
leur père et une sagesse marquée au soin de la bonne
instruction, qui marchait de front avec la vraie intelligence;
je pourrais soutenir volontiers, que chacun de ceux-là
sont à l'exemple de leur père, animés de bonnes pensées,
ils ne seront jamais des Duez, mais des modèles d'obéissance
aux lois humaines, sans avoir jamais recours à la loi du
divorce.

Le divorce ne s'accomplit que chez les gens sans foi,
sans vertu et sans pratique à l'égard de la doctrine chrétienne. Ils suivent comme tous les adultères, l'impulsion
de leurs passions, ils détruisent la paix dans leur propre
famille, ils déchirent le bonheur dans l'union d'autrui.

L'adultère est la vie des animaux sauvages dans les
bois, c'est la désorganisation de la famille, c'est l'infection
et la pourriture de la société.

C'est la dépopulation de la France, c'est chez ces plus
débauchés que prennent naissance les vols, les crimes et
les suicides.

Ainsi cette parole de malédiction tombe sur nous car

le Seigneur a dit : « Quiconque n'est pas pour moi est con
tre moi ». Moi je soutiens que quiconque est contre la volonté du Seigneur est non seulement l'ennemi des autres,
mais il est l'ennemi de soi-même, comme le beau temps
prépare la pluie, les injustes plaisirs prépare les larmes.

La fin du soldat blessé

CHATIMENT Nº 1

Pour témoigner toutes ces grandes vérités, voici maintenant un autre prodige qui a particulièrement paru dans les
anecdotes des guerres de la République. Il s'agit de la
triste fin d'un soldat qui avait mutilé un crucifix. Le prêtre qui le visita mourant à l'hôpital le trouva privé de ses
deux bras et des deux jambes, et ne présentant plus qu'un
tronc surmonté d'une tête.

Comme ce dernier lui témoignait une grande compas-
sion de le voir ainsi, le patient, revenu à Dieu, répondit :
« J'ai ce que je mérite; ce que la mitraille et les boulets
m'ont fait, je l'avais fait à un crucifix ».

Psychologie

Manifestation d'un mourant

En ma qualité d'historien sur tout ce qui a trait à l'au-
delà, je vais citer un fait qui s'est passé dans mon pays
natal, ou plutôt dans la maison où j'habitais avec mes parents à Aixe-sur-Vienne, située à l'angle de la route des
Cars et de la gare de Beynac. C'était un soir des longues
nuits de janvier 1879, j'avais quatorze ans.

Mon grand père maternél, accablé sous le poids des années, s'était alité à la suite d'une grande hémorrhagie qui
l'avait beaucoup affaibli.

Monsieur Forgemol, médecin de la famille, avait déses-
péré de le sauver. Un peu avant la nuit, j'avais été le voir
accompagné de ma mère, et quoi qu'il ait gardé sa lucidité
jusqu'au dernier moment, le râle de sa voix commençait
à se faire sentir au point que l'on ne comprenait qu'avec
peine ce qu'il disait. Ma mère eut-elle le tort de rester

trop peu de temps auprès de son père mourant, je ne le sais. Toujours est-il qu'elle était fatiguée d'avoir passé en partie de précédentes nuits, et comme un nombre suffisant de parents étaient présents elle m'amena à la maison, pour préparer le souper de mon père qui devait passer la nuit selon son tour de rôle établi parmi les membres de la famille. Lorsque vint le soir, trois voisines, Mme Defaye et ses deux filles, brodeuses en dentelles, tandis que leur vieille mère selon l'ancienne coutume filait le chanvre au fuseau, étaient venues passer la veillée en notre compagnie, ma mère tenait un magasin d'épicerie. Il était environ neuf heures du soir et la conversation à ce moment était particulièrement dirigée sur Jean-Baptiste Teilhout, mon grand père.

Soudain un bruit des plus bizarres se fit entendre au vitrage de la devanture. Pendant la durée de trois minutes, les carreaux furent criblés de sable par des mains agiles et avec une telle précipitation qu'une poignée était suivie d'une autre, ainsi de suite.

Stupéfaits d'écouter ce bruit étrange, nous nous levâmes nous regardant les uns les autres sans rien dire. J'ouvris la porte, le bruit s'arrêta aussitôt, un grand silence régnait dans la rue, qui n'était éclairée que par la lumière qui venait de l'intérieur du magasin, car à cette époque les rues de la ville n'étaient point éclairées. J'ai alors pensé que les jeunes gens qui se jouaient de nous s'étaient dissimulés derrière l'angle de la maison où M. Rouly, charretier, notre plus près voisin avait fait un dépôt de sable.

Plus vite qu'il n'en faut pour l'écrire, je rentrais au magasin, pris la lampe à pétrole et mettant ma main pour que le vent ne l'éteigne pas, je fis le tour de la maison. Même silence; la peur me prit et je rentrais en disant que personne n'était là. Alors, les voisines, fort étonnées, se retirèrent chez elles. Nous avons fermé le magasin et sommes allé nous coucher. Or, mon père arriva chez nous vers les cinq heures du lendemain, et nous apprit que le père Teilhout avait rendu le dernier soupir la veille au soir, environ vers neuf heures, à cet instant, ajouta-t-il, sa tête a aussitôt enflé énormément et de l'écume blanche lui sortait par la bouche. L'heure concordait exactement au moment où l'âme s'était séparée de la chair pour venir se manifester en notre présence, à vol d'oiseau, la distance pouvait être environ de 800 mètres. Ce fait s'est accompli en présence de quatre témoins.

(DESNORDES).

Rêve prémonitoire et apparition après la mort

PHÉNOMÈNE N° 1

Cette étrange histoire a été racontée par Mme veuve R. de L...., à Lacapelle (page 469 des *Problèmes psychiques*) et s'est passée le 17 mai 1894.

L'évangile est bien la pure lumière de la vie future, mais nous manquons de foi et de pratique. Le Christ qui est l'amour par excellence, nous a aimé jusqu'à mourir pour effacer nos péchés, il est ressuscité pour nous montrer la résurrection et la vie dans sa divinité, mais les juifs et les pharisiens sont toujours nombreux sur la terre et les plaisirs mondains absorbent nos qualités; nous allons jusqu'à dissimuler les nombreux phénomènes et miracles qui nous rappellent sans cesse les préceptes du Sauveur et que l'homme ne meurt pas.

Voici ce que dit cette dame qui raconte elle-même le phénomène dont elle fut témoin.

« J'avais une fille âgée de quinze ans, ma joie, mon orgueil; j'avais laissé cette enfant avec ma mère, m'absentant pour un petit voyage, je devais rentrer le 17 mai de l'année indiquée plus haut à la maison; or, dans la nuit précédente, je fis un rêve, où je voyais ma fille extrêmement malade, qui m'appelait de toutes ses forces, en pleurant, m'étant réveillée très agitée, je fus vite consolée en tenant compte que ce n'était qu'un songe. Dans le courant de la journée, je reçus une lettre de ma fille qui acheva de me rassurer, car elle me racontait ce qui se passait chez moi et ne se plaignait d'aucun mal. Mais le lendemain, en entrant chez moi, je fus étonnée de ne pas la voir courir au-devant de moi, selon ses habitudes. Une bonne me dit, qu'un mal subit l'avait prise, je me précipitai dans les escaliers qui conduisaient dans la chambre qu'elle occupait, et je la trouvai en proie à un violent mal de tête. Je la fis coucher. Mais hélas ! elle ne s'est plus relevée, une angine couenneuse se déclara deux jours après, et, malgré tous les soins possibles, la pauvre enfant s'éteignait le 29 mai.

Or, deux nuits avant ce malheur, le soir du 27, qui était le soir de mon retour, comme j'étais fatiguée de mon voyage, après avoir ordonné à la garde malade de veiller à ses soins je profitais de l'assoupissement de ma fille, pour prendre un peu de repos sur un lit, dans un cabinet qui nous séparait par une porte que j'avais laissée légèrement ouverte pour mieux entendre en cas d'appel. Je me reposai ainsi sans pouvoir dormir. Tout à coup une vive lumière rappelant celle du soleil en plein midi vint de la chambre de ma fille et pénétra l'obscurité de mon cabinet par l'entrebaillement de la porte. Je fis appeler la garde malade. Elle attendit un instant avant de me répondre, je me suis aussitôt mise debout et précipité vers ma chère malade, la lumière disparut tout à coup à cet instant comme par enchantement. La garde me parut saisie d'effroi, je l'interrogeais en vain, elle ne pouvait me répondre. Avait-elle peur de m'effrayer ou de compliquer ma douleur, ce ne fut que le lendemain qu'elle dit aux personnes de la maison qu'elle avait aperçu et bien reconnu mon mari mort six mois auparavant, au pied du lit de ma fille, qui s'est évanoui en même temps que la vive lumière.

Un fantôme en plein jour, apparition après la mort

Phénomène N° 2

Je tiens cette histoire de la bouche d'une proche parente Mᵐᵉ D..., sœur de ma mère, qui m'a affirmé avoir entendu de ses propres oreilles en présence de nombreux témoins le récit suivant par les témoins oculaires qui en ont soutenu la vérité : « J'ai vu, dit ma tante, cet homme de campagne que je ne connaissais pas lever ses deux mains en face des observations que nous lui faisions, pour bien nous montrer que la chose surprenante dont il avait été frappé n'avait point été forgée de toutes pièces, alors qu'il n'avait aucun intérêt à ce qu'on se moqua de lui. »

Cet homme est-il dit, était un propriétaire d'une petite commune des environs d'Aixe.

C'était un jour de foire à Aixe après la Toussaint, en 1896, quatre personnes occupaient dans la cuisine un coin de table d'un débit. Une femme pouvant avoir passé la quarantaine et son mari paraissant un peu plus âgé qu'elle, racontaient l'histoire à deux de leurs amis, en déjeunant.

Ma tante, employée tout au moins pour ce jour là, dans cet établissement, leur servait à boire et à manger tout en écoutant.

Le fait venait de se passer récemment par un beau temps de fin d'automne. Attenant au bien de ce cultivateur, était celui d'un autre propriétaire âpre au gain et très avare. Entre les deux champs il n'y avait point de séparation, mais seulement une borne où chacun devait reconnaître son droit.

Un jour en l'absence de son voisin, et en dehors de son droit, l'avare cultivateur se permit d'arracher la borne du plan cadastral.

Comme tel est l'habitude entre gens de campagne, la conversation du sujet en question était en patois Limousin et les deux interlocuteurs qui apprenaient l'histoire semblaient avoir parfaitement connu l'homme, récemment décédé qui avait agi en dehors de ses droits, car on l'appelait par son petit nom.

« Pierre dit-il, arracha la borne et la replanta environ à deux pieds (66 centimètres) dans mon bien, ce qui agrandissait considérablement son champ dans le sens de la longueur. Le premier jour où je me suis aperçu du déplacement de la borne, à son insu je l'ai arrachée de nouveau et remise à sa place primitive, sans lui faire à ce sujet aucune observation.

» Au bout de quelques jours, Pierre avait reculé de nouveau la borne dans mon champ. Après avoir consulté ma femme au sujet de mon entêté voisin, nous avons songé à l'attaquer devant le juge de paix pour nous faire rendre justice, mais après avoir profondément réfléchi je me rendis compte que j'allais dépenser plus d'argent en démarches futiles que la valeur du terrain car je savais trop par expérience ce que coûte l'entêtement des adversaires, et que la justice a toujours la meilleure part. Comme deux coqs excités qui se déchirent, la justice a tout profit de faire traîner un procès en longueur. A la fin, j'aurais certainement gagné le procès, mon adversaire pouvait dépenser la valeur de son champ, mais le mien ne pouvait manquer d'être bien plus fortement lésé que ne le faisait par audace mon avare voisin; je me suis contenté de lui faire une sévère observation, épicée des attaques judiciaires, rien n'y fit si ce n'est que l'amitié habituelle cessa entre nous et que je pris le parti que j'ai jugé le plus sage, celui de laisser mon voisin cultiver plusieurs mètres de mon terrain à son profit.

» Une quinzaine de jours venaient de s'écouler après ce qui s'était passé entre nous, lorsque j'appris que Pierre était alité par une grave maladie, d'après les uns c'était une bronchite, d'autres disaient fluxion de poitrine. Je ne suis pas allé le voir et ignore si l'on avait fait appeler un médecin. Le fait est que j'appris sa mort presque aussitôt que sa maladie et que je ne me suis pas dérangé pour aller à son enterrement.

» Huit jours venaient de s'écouler, lorsque je me trouvais dans mon champ sans plus penser à rien de ce qui s'était passé, il pouvait être dix heures du matin, il faisait beau temps, mon étonnement fut à son comble lorsque tout à coup en relevant la tête, j'aperçus un fantôme à environ dix mètres de moi, plus je regardais, mieux je reconnaissais mon voisin que je savais mort. Il était revêtu de l'habillement que je lui connaissais les jours de fête et parfois les dimanches. Il me tournait le dos tout en inclinant légèrement sa face pâle de mon côté, ce qui me permit de bien le reconnaître. Il ne parlait pas, mais suivait tout le long du sillon qui m'appartenait et auquel avant sa maladie il avait fait une semence de blé ainsi qu'au reste de son champ. Il me semblait s'éloigner lentement de moi sans faire aucun mouvement des pieds. Au bout d'un instant, le fantôme disparut comme par enchantement, après avoir parcouru le sillon dans le sens de la longueur. Le lendemain je me trouvais dans mon champ à travailler, lorsqu'à la même

heure et à la même place le phénomène apparut de nouveau.
Je me suis un peu approché pour mieux le distinguer, comme la veille je l'ai parfaitement reconnu. Il s'évanouit de
même après avoir parcouru le sillon sans laisser aucune
trace de son passage. C'est alors seulement que j'ai pensé
que je n'étais pas dupe d'une illusion. L'âme de mon ex-
voisin qui avait cessé d'être chair sur la terre devait être
en peine de sa mauvaise action à mon préjudice, devant
le tribunal suprême. Alors seulement je me suis décidé à
en causer à ma femme, qui ne manqua pas de se moquer
de moi, et sur mon affirmation elle voulut me suivre au
champ. C'est alors que le troisième jour et à la même heure, ma femme fut témoin du phénomène qui se manifesta
de nouveau. Je me hasardais de lui parler et lui adressais
en patois cette question. « Que nous veux-tu ? As-tu besoin
de quelque chose, est-ce cette borne qui te mets en peine ? »
Le fantôme me sembla arrêter sa marche pour m'écouter
tout en restant dans son habituel mutisme, et je continuais
de lui dire : « Je vais la remettre à sa place ». Ce que je fis
à l'instant, ma femme observait l'apparition qui ne faisait
aucun mouvement et qui s'évanouit au même instant où
je venais d'arracher la borne pour la replanter au niveau
du sillon qui était mon bien. Le quatrième jour ainsi que
les suivants le phénomène cessa de se montrer.

(DESBORDES).

Les deux fantômes. · Double manifestation de mourant après la mort

PHÉNOMÈNE No 3

*Histoire passée en 1887 et racontée en 1899 par M. Mine,
employé d'administration militaire à Châlons-sur-Marne.
— Solution mise à jour des problèmes psychiques.*

Comme les miracles de Lourdes ces phénomènes sont
des communications de l'au-delà à quelques privilégiés de
la terre. Ils sont complètement en dehors du domaine de
la science, car ils ne se présentent pas quand nous le
voulons et à notre gré, mais sous les variétés les plus bizarres, dans les instants où nous les attendons le moins,

chez l'enfant ignorant et chez l'homme instruit comme chez
l'homme privé d'instruction. Selon mon étude sur la vie
mondaine, j'ai surtout fait une remarque que je peux citer
comme véridique; c'est que les grands ennemis de la doctrine chrétienne, ainsi que les gens de mauvaise foi, qui se
laissent emporter par le vent de leurs passions, en seront
entièrement privés, car ils sortent du domaine des pensées
utiles à la société. Ce sont là les aveugles de l'Évangile qui
pèchent contre le Saint-Esprit. Il faut bien dire cependant
que la plupart des témoins préfèrent emporter leur secrets
au tombeau, que de les révéler.

En 1887, mes parents avaient recueilli parmi nous
ma grand'mère âgée de quatre-vingts ans. J'avais alors
douze ans, et je fréquentais, en compagnie d'un de mes
amis plus âgé que moi de deux ans, l'école communale de
la rue Boulard, à Paris. Ma grand'mère était souffrante,
mais rien ne faisait présager à bref délai un dénouement
fatal. J'ajouterai que mon ami venait assez souvent chez
nous et que nos demeures étaient distantes de dix minutes
de chemin environ.

Un matin, en me réveillant, vers sept heures, ma mère
m'apprit le décès de ma grand'mère survenu une heure
auparavant. Il fut naturellement décidé que je n'irais pas
à l'école ce jour-là. Mon père se rendit vers 9 heures à
l'hôtel de ville où il était employé pour prévenir sans doute
de son indisponibilité et passa ensuite à l'école pour infor-
mer le directeur du malheur qui nous frappait.

Celui-ci répondit qu'il le connaissait déjà, depuis huit
heures, qui était l'heure précise de la rentrée des élèves,
que l'ami de son fils (parlant de moi) en arrivant, le lui
avait appris en lui disant que ma grand'mère était morte
le matin même à 6 heures. Il est à noter que aucune communication n'avait eu lieu entre ma demeure et celle de
mon ami, d'autre part il en fut de même entre ma demeure
et l'école. Voilà le fait indiscutable, et que j'affirme de la
façon la plus formelle.

Voici maintenant l'explication qui nous fut donnée
par mon ami. S'étant réveillé à une heure avancée de la
nuit sans savoir pour quelle cause, et en dehors de toute

habitude, il avait vu sa jeune sœur morte depuis quelques années, pénétrer dans sa chambre, tenant par la main ma grand'mère, et celle-ci lui avait dit : « Demain matin à six heures, je ne ferai plus partie du monde des vivants ».

Sa vision était à la fois sincère et affirmative, car c'est bien sur la foi d'avoir entendu cette phrase, de la bouche d'une apparition qui se fait entendre et comprendre, accompagné de sa sœur, d'un esprit qui ne faisait plus partie de ce monde, qu'il annonça au directeur de l'école, de la façon la plus précise, un fait que rien ne pouvait lui faire présager, ni connaître, on ne saurait l'accuser d'un intérêt quelconque, il fallait l'absolue vérité pour ne pas s'exposer à être l'objet de critiques et de moqueries.

Manifestation de mourant après la mort

PHÉNOMÈNE N° 4

Phénomène observé en 1849 par un groupe de sœurs de charité et raconté par C. Courtès à Marmande.

Ma tante, dame de charité, âgée de 20 ans, m'a raconté qu'un soir se trouvant dans le dortoir commun elle fut frappée par un grand bruit de futailles qui roulaient dans la cour avec fracas. Elle ouvrit la croisée, le bruit cessa à l'instant et ne voyant rien, elle la referma aussitôt pour se coucher. Un moment après, le bruit continua de nouveau et si fort, qu'elle se leva pour regarder par la fenêtre au grand étonnement de ses compagnes, qui n'entendaient rien. Huit jours après, elle apprenait la mort de sa mère qui avait rendu le dernier soupir à 8 heures du soir, heure à laquelle les bruits s'étaient manifestés. Il est raconté que la mourante avait appelé ses deux filles qui se trouvaient au même dortoir et l'une d'elles n'avait rien entendu.

Plusieurs mois venait de s'écouler et cette même tante fut une nuit réveillée par des coups ressemblant à ceux d'un petit marteau sur une table, près de son lit. La peur l'empêcha d'abord de parler mais les huit sœurs qui partageaient son dortoir furent toutes réveillées par ce même bruit. Elles se levèrent; et malgré la lumière, elle constatèrent que le bruit se manifestait sur la même table à trois reprises différentes par un être qui leur était invisible. Ce phénomène a été affirmé par trois des dames de charité, anciennes compagnes de la dite tante. Il est permis de penser que l'âme de la défunte avait besoin de prières et ne pouvait mieux s'adresser qu'au sein du couvent où se trouvaient ses filles.

Double apparition d'un mourant

PHÉNOMÈNE N° 3

Histoire racontée par Marie Lardet à Champ-le-Duc (Vosges)

Ma mère avait deux oncles prêtres : l'un était missionnaire en Chine, et l'autre curé en Bretagne; ils avaient une sœur, déjà âgée qui habitait les Vosges.

Un jour cette personne était occupée dans sa cuisine à préparer le repas de la famille, quand la porte s'ouvrit, et elle vit sur le seuil, son frère le missionnaire dont elle était séparée depuis de longues années. Elle courut aussitôt à lui pour l'embrasser en disant : « C'est le frère François », mais au moment où elle fut près de le toucher, il disparut, ce qui lui causa une grande frayeur.

Le même jour, à la même heure, le second frère qui était curé en Bretagne, lisait son bréviaire, quand il entendit la voix de son frère François qui lui disait : « Mon frère, je vais mourir ». Puis au bout d'un moment : « Mon frère, je meurs ». Et enfin, quelques minutes après, la même voix reprit : « Mon frère, je suis mort ».

Quelques mois plus tard, ils reçurent la nouvelle de la mort du missionnaire, arrivée le jour même où ils en avaient reçu le si étrange avertissement. Cet étrange récit a été raconté par la mère à sa fille Marie Lardet qui tenait aussi l'histoire d'une de ses tantes et ces dernières des personnages en cause, leur oncle, un prêtre respectable, et la tante en question, une brave et digne femme, incapable de mentir par plaisir d'étonner, surtout sur une histoire de famille ou la critique tourne en moquerie même les choses les plus sacrées. Quant aux hallucinations il serait invraisemblable qu'ils en eussent eut tous les deux en même temps à plusieurs centaines de lieues de distance.

Mystérieuse apparition après la mort dans un cercueil en plein jour

PHÉNOMÈNE N° 5

J'applique à cette étrange histoire ce précieux commandement qui dit : «Bien d'autrui tu ne prendras ni retiendras en impunément» où sont flétris à travers tous les temps un si grand nombre de misérables que conduit la soif de l'or et qui les pousse parfois à commettre les plus grands forfaits. Les cent mille lois inventées par les hommes ne suffisent point à les faire marcher droit, il leur faut la police à grand fracas et la magistrature. Il leur faut la presse pour agrandir leur honte et le dédain du monde. S'ils étaient comme moi, assurés qu'un jugement les attend après cette vie, les lois humaines perdraient une grande part de leur influence, et deviendraient un jour un fardeau léger à porter à tous contribuables de la terre. Si les lois divines ne coûtent que la bonne volonté dans la pratique de nos devoirs envers Dieu et le prochain, les lois humaines ont toujours enrichi ceux qui les font et leurs protégés pour les faire exécuter, toujours au détriment de ceux qui font porter les fruits de la terre notre mère nourricière à la sueur de leur front. Ainsi le Christ nous a enseigné notre bonheur dans le moyen du possible, mais hélas ! ce bonheur a été constamment terni par les pécheurs et gaspillé par les passions coupables. Tout argent et tout plaisir injustement acquis pousse dans une proportion plus ou moins grande vers la ruine et la souffrance et retourne tôt ou tard contre soi-même et sa maison.

Que l'on consulte l'histoire, les annales et tous les actes de la vie moderne dans ses différentes répercussions et l'on verra que tout aboutit et se rapporte à cette grande vérité : « le pécheur souffrira en faisant souffrir ses semblables, par l'habitude dont il se fait un injuste besoin ». L'homme oublie Dieu et sa loi pour adorer l'or et les plaisirs trompeurs d'un instant. Dieu veut notre bonheur et notre liberté que sa loi nous partage comme des frères.

Voici l'histoire du phénomène qui s'est passé en 1879 et a été observé par une jeune fille de treize ans à Aixe-

sur-Vienne. Je tiens ce fait étrange de la bouche de ma mère
et d'un autre côté d'une tante, qui l'a recueilli elle même
de la voyante tremblante d'émotion dans le moment où il
s'est accompli.

Ma mère seule à la maison avait fermé son modeste
magasin d'épicerie pour aller à l'enterrement d'une voisine
décédée, vers la fin de novembre 1899. La jeune Marie, fille
d'un journalier qui habitait en qualité de locataire chez
M. Veveau, entra acheter de la marchandise pour sa mère,
blanchisseuse à façon du voisinage.

« Madelon ! dit-elle à ma mère occupée à servir la marchandise commandée, vous ne croirez jamais ce qui m'est
arrivé hier et comme j'ai eu peur, je ne veux plus passer
dans le chemin qui traverse à côté de chez Nicolaud ».

Il s'agit d'un passage entre deux maisons qui fait suite
au chemin de la rivière l'Aixette où se trouve le vieux
pont romain, passage qui croise la route de Beynac, et
celle des Cars pour se continuer rue des Fossés.

« Hier reprit-elle, il était environ dix heures du matin.
Je venais de chercher le linge que ma mère avait lavé à la
rivière pour l'étendre et le faire sécher, lorsque je me suis
trouvée au milieu du passage, entre les deux maisons et
les routes transversales, tout à coup à quelques pas en
avant de moi, m'est apparu un cercueil grand ouvert,
dedans était couchée la grande Hortense qui est morte il y
a quelques jours, j'affirme reprit-elle que c'était elle,
je l'ai bien reconnue, elle était extrêmement maigre et pâle
et avait toujours une verrue au-dessous de son œil gauche
comme quand elle vivait.

» Sur les vêtements blancs qui couvraient son corps elle
portait un collier de grosses et belles pommes de différentes
couleurs, les unes étaient rouges, d'autres étaient jaunes
avec nuances rouges et d'autres encore étaient blanches
et teintées de jaune ou de vert ne paraissant pas complètement mures, les pommes étaient rangées à la suite les unes
des autres et descendaient jusqu'au milieu de son corps,
puis contournaient son cou pour faire suite à celles que
j'avais devant les yeux, mais ce qui m'a le plus touché dans
ma peur, c'est que ces pommes me parurent absolument

semblables à celles qu'elle m'avait fait voler dans la pro-
priété de M. Desproges avant qu'elle fut alitée, lors de la
saison de ces fruits.

— Ce que tu me dis est intéressant reprit ma mère qui
était loin d'être étrangère à la connaissance de phénomène
de ce genre : Explique-moi bien le fait ». Et la jeune fille
reprit : « Comme vous le savez, les parents de la défunte
Hortense demeurent en qualité de locataires de M. Desproges au côté gauche du passage à niveau, et selon la position
où je me trouvais en venant de l'Aixette. La mère de la
défunte qui me parut ne s'apercevoir de rien, de ce que je
voyais moi-même, était à cet instant occupée à balayer le
ruisseau où un filet d'eau coule constamment devant sa
maison pendant la saison des pluies.

» Je voyais en cette femme, une sorte de protection
contre ma faiblesse et contre ma peur et je pris le parti de
précipiter mes pas vers elle. Lorsque je fus sur le point de
la toucher, je me sentis repousser brusquement en arrière
par celle-ci au point que je faillis être renversée en arrière avec
mon paquet de linge. Je l'entendis ensuite me jeter
à la face ces paroles imprégnées de colère, en patois
du pays : Es-tu folle tu ne peux pas suivre ton chemin
droit sans te jeter dans moi ? En me voyant ainsi brusquée
je pris le parti de contourner le cercueil en passant bien
près du mur de la maison de droite; en me voyant faire ce
mouvement j'entendis de nouveau : cette fille est folle.
Lorsque je fus à l'entrée de la rue des Fossés, au niveau de
la grande croix, ce même cercueil m'est apparu de nouveau
à quelques mètres en avant de moi toujours au milieu du
passage; je continuais à courir vers ma droite jusque chez
moi autant que mes forces me le permettaient, car je cro-
yais par cette deuxième apparition être suivie par le ma-
cabre cercueil et le sujet effrayant qu'il contenait, je ne
vis plus rien, ajouta-t-elle, mais j'en tremble encore rien
que d'y penser ». Je dois ajouter que la demeure de la jeune
fille se trouvait environ à deux cent mètres de la croix, rue
des Fossés.

La jeune fille continua son récit : « Figurez-vous que depuis que les pommes des propriétaires eurent paru être

mûres, la grande Hortense L., était atteinte d'une maladie de langueur et que selon les ditons qui couraient, poitrinaire, (tel était le nom de la maladie à cette époque), elle n'était pas encore alitée mais trop fatiguée pour travailler, elle m'avait souvent parlé qu'elle avait grande envie de ces pommes qu'elle admirait au cours de ses promenades sur la route des Cars, elle n'osait pas en demander aux propriétaires qui sont de braves gens et qui vu son état, ne lui en auraient certainement pas refusé. Elle m'envoyait en voler en leur absence.

» Un jour Auguste, il s'agit de l'un des frères propriétaires, qui était célibataire, me prit en flagrant délit et me dit que si je revenais dérober leurs fruits, il me ferait fermer en prison. Je m'étais bien promis de ne plus y revenir, car il n'aurait toujours pas manqué de le dire à ma mère qui était souvent employée à leur service, dans le cours de l'année et j'aurais été battue par mes parents. Voilà qu'un jour, je me trouvais vers la maison de monsieur D..., huissier, où il y a une écurie et des étables à porcs, plus ou moins utilisées par les locataires de la maison qui s'en servaient de bûcher ou de débarras. Un de ces derniers se trouvait vide, et la grande Hortense me sollicitait avec instances et menaces d'aller encore voler des pommes qui étaient bien mûres et qui, disait-elle, lui faisaient grande envie. Je lui exposais que l'on me fermerait en prison et que ce n'était pas bien; que si tout le monde se permettait ainsi d'aller à la maraude il n'y aurait plus de propriétaires.

» Rien n'y fit. Puisque tu ne veux pas y aller, reprit-elle, je vais te fermer dans l'étable. Malgré mes pleurs et supplications, elle m'y poussa, ferma la porte et fit glisser le gros verrou. Maintenant, ajouta-t-elle quand tu te décideras d'y aller, je t'ouvrirais. J'étais sur de la paille malpropre, il faisait noir, et j'entendais près de moi cette mauvaise fille qui disait : si tu ne te décide pas vite je vais m'en aller de là et sois assurée que tu vas y rester longtemps. Alors je finis par fléchir, je lui dis de m'ouvrir, et il fallut non seulement lui promettre mais y aller, parce qu'elle n'aurait pas manqué de me battre et de m'enfermer de nouveau. Je fus donc de nouveau lui chercher des pommes, ce ne fut pas sans faire le guet mais il n'y avait personne. Je lui en portais cette fois le plus possible pour que je fus tranquille un peu plus lontemps. Ce fut la dernière fois, les pommes furent cueillie par les propriétaires et la malade s'alita, peu de jours après, pour ne plus se relever, car elle ne tarda pas à mourir ».

Moi qui écris cette histoire, j'ai connu ces deux jeunes filles en question. Hortense L., était environ âgée de vingt et un ans, et l'autre était une naïve enfant illettrée, très docile et vaillante, que je n'avais jamais entendu mentir et incapable d'avoir échafaudé une telle histoire si elle n'en avait pas réellement été frappée. Son émotion seule était une parfaite preuve de la vérité.

Je considère moi-même cette histoire, comme celle d'une âme coupable d'un acte de sa vie sur la terre, et très en peine, en présence du jugement suprême.

(DESBORDES).

TABLE

Limoges. — Imprimerie Ducourtieux et Gout, 7, rue des Arènes.

www.ingramcontent.com/pod-product-compliance
Lightning Source LLC
LaVergne TN
LVHW022024080426
835513LV00009B/870